谢冬荣◎编著

文津識小錄

国家图书馆出版社

图书在版编目（CIP）数据

文津识小录 / 谢冬荣编著. -- 北京：国家图书馆
出版社，2016.8

ISBN 978-7-5013-5914-1

Ⅰ. ①文… Ⅱ. ①谢… Ⅲ. ①读书笔记—中国—现代
Ⅳ. ①G792

中国版本图书馆CIP数据核字(2016)第195115号

国家图书馆出版社
官方微信

书　　名　文津识小录
著　　者　谢冬荣　编著
责任编辑　南江涛
封面设计　程春燕

出　　版　国家图书馆出版社（100034 北京市西城区文津街7号）
　　　　　（原书目文献出版社　北京图书馆出版社）

发　　行　(010)66114536　66126153　66151313　66175620
　　　　　66121706（传真）　66126156（门市部）

E-mail　　nlcpress@nlc.cn（邮购）

Website　www.nlcpress.com → 投稿中心

经　　销　新华书店

印　　装　北京金康利印刷有限公司

版　　次　2016年8月第1版　2016年8月第1次印刷

开　　本　889×1194毫米　1/32

印　　张　8

书　　号　ISBN 978-7-5013-5914-1

定　　价　78.00元

目录

读书札记

家谱提要

题跋整理

刻工辑录

读书札记

活字套印本《御选唐宋文醇》
《诗醇》考略

　　明清时期普通的活字本并不罕见，而套印本也较为寻常，但是活字兼套印的版本则是非常罕见。翁连溪先生的《清代内府刻书图录》收录了两种活字兼套印本：一是彭元瑞编的《万寿衢歌乐章》，一是德保等撰《御制律吕正义后编》八卷，两者皆是乾隆时武英殿聚珍版朱墨套印本。而清中期江西崇仁谢氏刊印的活字套印本《御选唐宋文醇》《诗醇》十分特别，现对其出版者及刊刻时间作一番考证。

一、《御选唐宋文醇》《诗醇》的编撰及其版本

　　为了加强统治，康熙时整理了一批经过"御定""御选"的诗文总集，举其著者有《御选古文渊鉴》六十四卷、《御定全唐诗》九百卷、《御定四朝诗》三百十二卷、《御定题画诗》一百二十卷等等。乾隆帝为宣扬"文治武功"，也学习其祖做法，审定整理出版诸多诗文总集，《御选唐宋文醇》《诗醇》即是其中之一。

御選唐宋詩醇卷之一

隴西李白詩一

有唐詩人至杜子美氏集古今之大成為風雅之正宗譚
藝家迄今奉為矩矱無異議者然有同時並出與之頡頏
上下齊驅中原勢鈞力敵而無所多讓太白亦千古一人
也夫論古人之詩當觀其大者遠者得其性情之所存然
後等厥材力辨厥淵源以定其流品一切悠悠耳食之論
奚足道哉李杜二家所謂異曲同工殊塗同歸者觀其全
詩可知矣太白高逸故其言縱恣不羈飄飄然有遺世獨

唐宋诗醇

明人茅坤编纂的《唐宋八大家文钞》，在明末广为人知，且为治古文者所宗。清人储欣增加李翱、孙樵二人，是为十家，编为《唐宋十大家全集录》。乾隆三年（1738），清高宗弘历认为储欣之书的去取"尚未尽协，所评论亦或未允"，于是下令朝臣编纂了《御选唐宋文醇》五十八卷。该书有内府四色套印本："其文有经圣祖仁皇帝御评者，以黄色恭书篇首，皇上御评则朱书篇后，至前人评跋有所发明，及姓名事迹有资考证者，亦各以紫色、绿色分系于末。"❶

乾隆十五年（1750），高宗审定唐宋诗家六人：唐为李白、杜甫、白居易、韩愈，宋为苏轼、陆游，编为《御选唐宋诗醇》四十七卷目录二卷。该书亦有内府四色套印本，其《凡例》云："评语悉准《唐宋文醇》之例，色别书之，但其中有援据正史杂说、用资考订疏解者，与古今人评诗之语义，各有在《文醇》未经区别，今于蓝笔之外，另作绿笔书，以便阅者，灿若列眉。"

《御选唐宋文醇》《诗醇》除了乾隆内府套印本外，尚有乾隆二十五年（1760）陈宏谋翻刻本、光绪三年（1877）浙江书局翻刻本、光绪二十一年

---

❶ （清）永瑢等撰：《四库全书总目》卷一九〇"集部总集类五"，北京：中华书局1965年版，第1727页。

（1895）鸿文书局石印本，而崇仁谢氏活字套印本则关注较少。

活字套印本《御选唐宋文醇》前有书名页，中间题"御选唐宋文醇"，左边题"臣谢兰墀馥谨藏"，之后为乾隆三年朱印御制序、凡例、职名、目录，正文分为五十八卷：卷一至十为韩愈、十一至十八为柳宗元、十九至二十为李翱、二十一为孙樵、二十二至三十三为欧阳修、三十四至三十七为苏洵、三十八至五十为苏轼、五十一至五十三为苏辙、五十四至五十七为曾巩、五十八为王安石；《御选唐宋诗醇》的书名页样式与《文醇》相同，内容仅仅一"诗"字之别，书名页后有乾隆十五年朱印御制序，乾隆二十五年三月二十二日陈宏谋请重刊御选诗醇奏折、凡例、职名以及目录二卷，正文分为四十七卷：卷一至八为李白、九至十八为杜甫、十九至二十六为白居易、二十七至三十一为韩愈、三十二至四十一为苏轼、四十二至四十七为陆游。

二、活字套印本的记载与鉴定

最早记载崇仁谢氏刊刻活字套印本《御选唐宋文醇》《御选唐宋诗醇》者当属邵懿辰。在其所著、邵章续录的《增订四库简明目录标注》中有如下记载：

昌黎韓愈文一

原毀

古之君子其責己也重以周其待人也輕以約重以周故
不怠輕以約故人樂為善聞古之人有舜者其為人也仁
義人也求其所以為舜者責於己曰彼人也予人也彼能
是而我乃不能是早夜以思去其不如舜者就其如舜者
聞古之人有周公者其為人也多才與藝人也求其所以
為周公者責於己曰彼人也予人也彼能是而我乃不能

韓愈　雜著

一

御選唐宋文醇　　卷一

唐宋文醇五十卷，乾隆三年高宗选内府刊本。文醇诗醇，均有外板。又近年江西谢兰墀摆板，亦用五色套印。

[续录]内府五色套印。外翻本。缩本。凡数刻。浙局本。

唐宋诗醇四十七卷，乾隆十五年高宗选。

内府刊本。

[续录]五色套印本。外翻本。缩本。凡数刻。又有摆字套印本。❶

在这之后记载的是莫有芝。莫友芝撰、傅增湘订补的《藏园订补郘亭知见传本书目》记载：

御选唐宋文醇五十八卷。乾隆三年御定。内刊五色套印。外翻本缩本凡数刊。

御选唐宋诗醇四十七卷。乾隆十五年御定。内刊五色套印。外翻本、缩本凡数刊。又有摆字套印本。❷

《第四批国家珍贵古籍名录》收录了湖南省社会科学院图书馆藏、清谢氏活字四色套印本《御选唐宋诗醇》四十七卷目录二卷（名录号：10910），书中有曾国藩朱笔跋，云：

《唐宋诗醇》《唐宋文醇》共四函四十册，崇仁谢氏刻。往时殿板分朱墨蓝绿等色，拓印精妙，尝叹此后

---

❶　上海：上海古籍出版社1979年新1版，第919—920页。

❷　北京：中华书局2009年版，第1568页。

不可复得。今谢氏以活字板为之，精良与殿本相埒。此本又其初印者，致足爱也。寄赠彭君雪琴以供赏玩。咸丰九年四月七日，曾国藩识。❶

以上三段文字，基本能够确认崇仁谢氏刊刻的《御选唐宋诗醇》《御选唐宋文醇》就是活字套印本。而从原书的字体风格、板框拼接等方面来判断，也符合活字本的特征。

三、崇仁谢氏传记述略

邵书中提到"江西谢兰墀"，曾国藩题跋中言"崇仁谢氏"，核之《［同治］崇仁县志》，中有关于谢兰墀、兰馥及其家族人员的传记；又曾国藩《曾文正公诗文集》文集卷三中有《崇仁谢君墓志铭》一文，言及谢廷恩生平及其子孙。现概述崇仁谢氏家族的传记如下：

1.谢廷恩

谢廷恩（1765—1841），字拜赓，年少时因家里贫穷，弃学经商，所获"累至巨万"，后捐钱重修县义仓、育婴堂、群祀庙等，又不顾老弱之躯，主持重修崇仁黄洲桥，造福一方。《［同治］崇仁县志》卷

---

❶ 《第四批国家珍贵古籍名录图录》第5册，北京：国家图书馆出版社2014年版，第132页。

八之八人物志"善士"收录了谢廷恩的传记。廷恩生子五：长子兰阶，次子兰生，三子兰英，四子兰墀，五子兰馥。

2.谢兰阶

谢兰阶，生卒年不详，县志谢廷恩传后附其传，"弱冠佐父起家，父平生诸义举多所赞画"，好为善举，"益怜惜孤贫戚好中有待以举火者"，"郡县各公举，皆出重赀为之"；曾国藩《墓志铭》又言其"候选州同"。

3.谢兰生

谢兰生，字子湘，道光十四年（1834）举人，十八年（1838）进士，曾官工部郎中。《［同治］崇仁县志》卷八之五人物志"文苑传"载有其传记："谢兰生，字子湘，职员廷恩次子。十三都段溪人。幼环异，苕发颖竖，过目成诵，七岁诸经已毕，兼及子史百家，见解超俊，警悟非常……甲午举于乡，戊戌成进士，不汲汲仕进，以亲老假归……著有《纲鉴洞观评略》《历代帝王陵寝考》《种香山馆诗文集》若干卷藏于家……丁外艰，哀毁致疾，丧礼如制。家藏书甚富，见三通、《太平寰宇记》未有善本，同诸弟校刊之，嘉惠来学。服阕后，与季弟兰墀并为部郎，旧疴时发，不二年卒于京，年四十有一。"

4.谢兰英

谢兰英,生卒年不详,县志谢廷恩传后附其小传:"督理家外诸务,如长兄好为善举,邑修黄洲桥及桥南河堤,以十万金工程,历五六载之久,英一人综理。"曾国藩《墓志铭》言其"优贡生"。

5.谢兰堰

县志谢廷恩传后附其小传:"性纯悫,事诸兄尽礼,偕幼弟潜心学问……由增贡官刑部副郎,小心谨慎,上游器重之,乡人士公车至京,绸缪款接若家人然,往来者交口赞誉。丁嫡母忧,归以生母年高不复出。"县志卷七之六选举志"仕籍"载其"任刑部河南司员外郎"。

6.谢兰馣

县志卷八之七人物志"孝友"载有其传记:"谢兰馣字霞仙,职员廷恩幼子也……父旋卒,逾数年,母病……母殁之前后四三年,伯仲叔三兄先后不禄。又以粤氛不静,馣与季兄兰堰毁家纾难,耗其资以亿万计。逮发逆陷抚,不得已随季兄兰堰,奉庶母避居浙西之余姚,奔走羁栖,心力俱瘁,至姚仅数月而病作矣,卒时无他语……没后十余年,邑人士感其孝,请旌表。同治九年三月十五日得旨,准以建坊入祀孝悌忠义祠。"

崇仁谢氏与曾国藩关系密切,其起始当为谢兰生与曾国藩皆是道光十八年(1838)进士,有同年之谊；太平天国爆发后，谢兰墀、兰馥兄弟"毁家纾难，耗其资以亿万计"，给予曾国藩的湘军大力支持。如此曾国藩方才会撰写谢廷恩墓志铭，谢兰墀、兰馥兄弟刻书也会呈送给曾国藩。咸丰九年，崇仁谢氏刊刻《通典》《通志》《文献通考》，其牌记页题"咸丰九年崇仁谢氏仿武英殿本刊湘乡曾国藩署首"，亦可见两者的关系非同寻常。

四、刊刻时间考略

活字套印本《御选唐宋文醇》《诗醇》的版本年代，《第四批国家珍贵古籍名录》定为"清"。2014年泰和嘉诚拍卖公司定为"清道咸间"，2015年北京保利拍卖公司定为"清中期"[1]。笔者认为可以更加具体。

崇仁谢氏有兄弟五人，为何书名页上仅署谢兰墀、兰馥二人，而不言其他。联系到谢兰馥传中"母殁之前后四三年，伯仲叔三兄先后不禄"一语，笔者认为，活字套印本《御选唐宋文醇》《诗醇》刊成之时，其他三位兄弟皆已病逝，故而只能署这两人。

兰阶、兰英生平简略，无从考证其卒年，兰生

---

❶ 2016年4月30日查询孔夫子旧书网中的拍卖公司联盟所得：http://pmgs. kongfz.com/search_0/唐宋诗醇/p_1/。

却有迹可循。国家图书馆古籍馆藏有一部清道光钞本《道光十四年甲午科江西乡试题名录》（书号：02383），其中记载了谢兰生的简介："第十名谢兰生，年二十六岁，崇仁县候委训导。"据此推算谢兰生当生于1809。县志传记中载其病逝时"年四十有一"，因此，谢兰生去世年为1849，即道光二十九年。如果考虑到之后三弟兰英的去世，笔者以为，谢兰墀嫡母及伯仲季三兄的去世时间，最晚者应该已到咸丰初年。曾国藩在《诗醇》题跋中说"此本又其初印者，致足爱也"，以两者的关系考虑，可以作如下理解：谢兰墀、兰馥兄弟在该书刊成后不久，即刷印一部，敬呈与曾国藩。故而该书的刊成时间距离咸丰九年不会太远。

谢兰馥传记中言"逮发逆陷抚，不得已随季兄兰墀，奉庶母避居浙西之余姚，奔走羁栖，心力俱瘁，至姚仅数月而病作矣，卒时无他语"。案太平军攻占抚州事在咸丰六年（1856）二月。谢兰馥的卒年当即是咸丰六年。

综上，笔者认为，活字套印本《御选唐宋文醇》《诗醇》的刊成时间应该在咸丰初年，最晚不会超过咸丰六年。因此，可以将此书的版本年确定为"清咸丰间"。

《古今储贰金鉴》版本及其鉴定

　　皇位如何继承是我国历朝历代的国家大事，关乎社稷的稳定。早在西周时期就已经确立了嫡长子继承制，明确"立嫡以长不以贤，立子以贵不以长"，从而有利于权力与财富的有序传递。尽管如此，纵观数千年历史，仍然有不少并非如此。因而围绕皇位争夺，涌现了诸多血雨腥风与后宫争斗。及至清代，乾隆皇帝专门编制了一部书《古今储贰金鉴》，总结历代皇位继承中的经验教训。

一、编纂

　　清初秉承明制，早早确立太子人选，以为国家根本。不过围绕太子之位的争斗并未停息，个中原因，既有皇帝的偏好，也有皇子的觊觎、大臣的考量。康熙朝太子之争使得朝政乌烟瘴气，骨肉成仇，大臣分派。鉴于此，雍正时确立了秘密建储制。即皇帝将册立继承人的谕旨写成两份，一份自己保存，一份置于匣中，放在乾清宫"正大光明"牌匾之后，待老皇帝千秋之后，大臣将皇帝保管的那份册立谕旨与

周

平王

周幽王元年立子宜臼爲太子宜臼母申后姜氏三年。納褒姒。初宣王之時童謠曰檿弧箕服實亡周國於是王聞之有夫婦鬻是器者王使執而戮之府之小妾生女而非王子也懼而棄之爲弧服者方逃於道收之以奔於褒後褒姁有獄請入此女於王以贖罪是爲褒姒。

"正大光明"牌匾后的核对，无误后即确定新皇帝的人选。

乾隆时仍然采用秘密建储制，不过制度初立，仍有迂阔书生奏请公开立储。乾隆四十三年（1778）生员金从善因建言立储被处决。四十八年（1783）九月三十日，乾隆皇帝在审阅馆臣所撰《历代职官表》"詹事府"条时，见有"我国家万年垂统，家法相承，不事建储立册"等语，于是意识到有必要向大家解释自己为什么不公开立储。❶十月十九日，乾隆下诏，"着诸皇子等同军机大臣及上书房总师傅等，将历代册立太子事迹有关鉴戒者采辑成书，陆续进呈，即着皇孙等之师傅为誊录，书成，名为《古今储贰金鉴》"。乾隆皇帝编纂此书，主要目的是总结历代立储的教训，说明自己采用秘密立储的优势，同时也为警告皇子身边之人，不可妄生非分之想。《古今储贰金鉴》从乾隆四十八年十月十九日开始编纂，至迟在四十九年（1784）十月即已编纂完成，因为文渊阁《四库全书》本《古今储贰金鉴》正在此时钞毕进呈。不过，之后乾隆皇帝也时常下令将与此有关的谕旨增补进去，一直到乾隆五十一年（1786）四月方才全部完成。

---

❶ 杨永康：《〈钦定古今储贰金鉴〉与乾隆帝之立储思想》，《史学月刊》2006年第12期。

《四库全书总目》卷八十八对《古今储贰金鉴》的编纂及其体例言之甚详："乾隆四十八年特命诸皇子同军机大臣、上书房总师傅等，取历代册立太子事迹有关鉴戒者，按代纂辑。自周迄于前明，得三十有三事。又附见五事。而自春秋以后诸侯王建立世子，事非储贰可比者，间叙其概于案语中，而不入正条。其他偏据窃位、无关统绪之正，并略而不论。若宋之太弟、明之太孙，尤足为万世炯鉴，则备论之。纪事取之正史，论断衷诸《资治通鉴纲目》御批及《通鉴辑览》御批。卷首恭载节奉谕旨，如群书之有纲要焉。"❶

《古今储贰金鉴》六卷卷首一卷。卷首包括上谕六份：乾隆五十一年四月初六日、乾隆四十八年九月三十日、乾隆四十八年十月十九日、乾隆四十八年十二月初八日、乾隆四十九年正月十四日、乾隆四十九年十二月初六日，凡例六则。正文分为六卷：卷一周平王、王子带，汉惠帝、太子荣（梁王附）、戾太子据，东汉东海王彊，三国吴废太子和；卷二晋惠帝、愍怀太子遹，宋元凶劭（濬附），南齐武帝，梁昭明太子统；卷三北魏太子晃、废太子恂，北齐废帝，北周宣帝，隋废太子勇（蜀王秀附）；卷四唐隐太子建成（齐王元吉附）、太子承乾（魏王泰附）、

---

❶ （清）永瑢等撰：《四库全书总目》，北京：中华书局1965年版，第756页。

欽定古今儲貳金鑑卷一

周

平王

周幽王元年立子宜臼爲太子宜臼母申后姜氏三年
納褒姒初宣王之時童謠曰檿弧箕服實亡周國於是
王聞之有夫婦鬻是器者王使執而戮之府之小妾生
女而非王子也懼而棄之爲弧服者方逃於道收之以
奔於褒後褒姁有獄請入此女於王以贖罪是爲褒姒

古今储贰金鉴（浙江书局本）

懿德太子重润、节愍太子重俊、太子瑛、庄恪太子永；卷五宋太宗，元裕宗、阿裕实哩达喇；卷六明惠帝、仁宗、光宗。

二、版本

《古今储贰金鉴》编纂完成后，乾隆下令将之收入《四库全书》中，并交付武英殿刊印。有清一代，《古今储贰金鉴》的版本主要有以下数种：

（1）乾隆五十一年内府写本。《中国古籍善本书目》著录，故宫博物院图书馆藏。此本应该是该书编纂的定本。

（2）《四库全书》本。笔者曾比对文渊阁本与文津阁本，发现文渊阁本钞写之误明显较多，而文津阁本则较少，当是后出转精的缘故。另外，两者当属同一版本系统，因为两者卷二"愍怀太子遹"第二十六行"子之短时……"皆为二十字，第三十六行皆为二十二字，与通行二十一字不同。

（3）乾隆五十一年武英殿刻本。《中国古籍善本书目》著录，清华大学图书馆、故宫博物院图书馆、辽宁省图书馆、庆元县文化馆、暨南大学图书馆、泸州市图书馆有藏，版本年是依据乾隆五十一年最晚的上谕而确定的。收藏机构当不止这些，国家图书馆、台北故宫博物院都藏有一部，未见著录。

（4）光绪二十一年（1895）浙江官书局刻本。前有牌记题"光绪乙未春浙江官书局敬摹重刊"。

此外，《第三批国家珍贵古籍名录》中收录了北京师范大学图书馆藏清乾隆五十一年内府写《四库全书》本。

三、鉴定

浙江官书局本由于是据乾隆本影写而翻刻的，其风格与乾隆本十分相似，因此如果将前面的牌记页撤去，冒充乾隆本，极易将人迷惑。因此，如何鉴定乾隆本显得尤为重要，笔者总结归纳有三个方面：

第一，纸张。乾隆本一般用开花纸所印，纸张洁白，比较柔软；而浙江官书局本则用普通宣纸印刷，纸张带黄、偏硬。

第二，刻字。虽然官书局本是据乾隆本影刻的，但是如果仔细辨认，仍然存在不少刻字差异。如：卷一第六行第六字"妇"，乾隆本"妇"字内的"一"缺末笔，而浙江官书局本则不缺。

第三，墨色。2015年7月10日，在国家图书馆举办的"册府千华——民间珍贵典籍收藏展"开幕式上，清代内府版本研究专家翁连溪先生曾赐教，内府本一般没有朱印本。所以，如见朱印本《古今储贰金鉴》，一般应为光绪浙江官书局本。

古今储贰金鉴（浙江书局本）

《己酉日记》著者考

国家图书馆古籍馆藏有一部清道光二十九年（1849）稿本《己酉日记》，著者不详，原书目数据只著录为陈氏[1]；2006年学苑出版社出版的《历代日记丛钞》收录了此书，著者改为佚名[2]。经笔者考证，《己酉日记》的著者并非陈氏，也并非不可考，而是山东滨州人杜翰。

一、日记概况

《己酉日记》（以下简称《日记》）一册，书号为t4725，起九月初九日，止十一月十六日。由于该书前缺书衣，所以不能确定书名是原来就有，还是编目员自拟的。《日记》九月十一日载"徐荫轩中式"，九月十三日又载"崇地山中一百七十余名"。

---

[1] 参见国家图书馆公共检索系统：http://opac.nlc.gov.cn/F/B2X4U5NBSDSBSUA8QRMPNCCTKVP8M43IVEID729Q8DIKKGHVU8—04454?func=full—set—set&set_number=415526&set_entry=000011&format=999。

[2] 李德龙、俞冰主编：《历代日记丛钞·提要》，北京：学苑出版社2006年版，第144—145页。

案徐荫轩指徐桐，崇地山指崇厚，两人都是道光二十九年中顺天乡试。因此，此《日记》所记时间为清道光二十九年应确定无疑。根据《日记》修改、增补的状况而言，此书应为稿本。

《日记》虽然仅有短短的两个多月，但是所记载的内容非常庞杂，除了记载家庭琐事以外，主要内容包括以下三个方面：一是乡试概况，由于这一段时期正是乡试揭晓之时，故而《日记》里记载了友朋中式、父亲派为阅卷大臣、中式举人的宴请活动等内容；二是陈介祺之父陈官俊入祀贤良祠的过程，陈官俊，山东潍县人，卒于道光二十九年，《日记》详细记载了著者为使陈官俊能够入祀贤良祠所做的努力以及入祀仪式等；三是与祁寯藻、龙光甸、潘世恩、廉兆纶等朝廷要员的来往等等。故而此书具有较重要的文献价值。

二、著者考证

日记本为自己而作，具有一定的私密性，因而在日记稿本中一般不会出现作者的姓名。这就给后人确定日记的著者带来了一定的困难。《己酉日记》也是如此。现在只能根据文中的内容从以下两个方面加以推测：

1.科举

《日记》九月十四日记载："是日，乙未乡榜、甲辰同年十余人公送贺礼璧。""同年"一般是科举时代同榜中式者之间的互称。因为前面有"乙未乡榜"，所以后面的"甲辰"当是指中进士年。从这句话可以推测著者是清道光十五年（乙未，1835）中举人、道光二十四年（甲辰，1844）中进士。《日记》十月二十日记载："黄明府庆蕙来，甲辰同年，分发广东。"黄庆蕙，顺天府大兴县人，也是甲辰年的进士❶。此条可以佐证著者的进士年是清道光二十四年。

2.籍贯

《日记》十一月初六日记载："今早接滨州信，王成山赴通带来。"初七日又记："今早作家信，交王成山带回。"从这两句话可以推测著者的籍贯为滨州。

核查《清朝进士题名录》，完全符合上述两个条件的只有杜翰❷。按杜翰（1806—1866），字鸿举，号继园，山东武定府滨州人。道光十五年顺天乡试举人，道光二十四年进士，曾官工部左侍郎、吏部右侍郎、礼部右侍郎、军机大臣等职，为咸丰皇帝临终时

---

❶ 江庆柏撰：《清朝进士题名录》，北京：中华书局2007年版，第941页。

❷ 同上。

的"顾命八大臣"之一。《清史稿》卷三百八十五有传，附于其父杜受田之后。杜翰之父杜受田（1787—1852），字芝农，道光三年（1823）进士，曾任山西学政、内阁学士、工部左侍郎、户部左侍郎、实录馆总裁、刑部尚书、协办大学士等职，咸丰二年（1852）派往山东、江南查办赈务，因病卒于任，谥文正。杜翰之祖父杜堮（1764—1859），嘉庆六年（1801）进士，曾任顺大学政、浙江学政、吏部右侍郎等职，谥文端。滨州杜氏是清代中晚期的重要家族，杜堮及其子杜受田，孙杜翰、杜翰，曾孙杜庭琛均在中进士后入翰林院，因而有"父子五翰林"的美誉。

三、内容佐证

前面仅仅是利用几条材料推测出《日记》的著者，如果需要确定，还得利用更多的材料。现从以下四个方面加以佐证：

1.重赴鹿鸣宴

《日记》九月初九日："晚，崔溪送鹿鸣宴仪注来，并言抱恙尚未起，故不能出城送行也。"九月初十日："早侍重闱饭，酌定鹿鸣宴可以不到，并禀明觞送诗册各客。"按清制，乡试揭榜后次日，各省官员宴请乡试考官和中举举人，是为鹿鸣宴。如六十年

初九日晴暖午初送和轎車赴金陵伴　堂上早飯後讀廿四史二卷看人蔡菊喜薇
堂軒西小睡起半窗蘭影雁字橫空頗有索居之感一伴　家大人回園復獨
酌珠卷聊頃子靜海君自登高回頗贊天童寺祝事之盛晚崔溪送玉子初
儀侄未登言不能出城送行也玉東院雨枯母荷誤玉子晚開歸一酌
申正過小山粉季喬慈就診視言外蓋未清酌方據言二劑以當金晚歸晚一酌
初十日陰暖早行　重開紙酌室庖唱室而以不到盂禀明觴送將用先客午正
赴東城祝客補祝文師母壽即以楝賞負未回未以謁見玉玉船星末客其余先
中第八玉鎮雲橋安汞某本家中武玉雪帆安見其次子玉繼枝庖與壽姑及
叙翁謀良久知午年戴清任作古回寓玉張燈灸蘭娟在座自城外看紅錄回
知暮臣中一石三勽名餘皆不知多頃子靜趙弦內回　次季君眉劉星娟之世之及
黎子剣中武蓋汞子傳玉文傳東宋之和均侶僑貨子靜梅家信也晨口丁来世

后，中式举人依然健在，经报朝廷批准后得以再赴鹿鸣宴是为重赴鹿鸣宴❶。该日记中称呼父母一般为"堂上""严亲"或"家大人"等，此处"重闱"当指其祖父。《杜文端公自订年谱》清道光二十九年也记载了杜堮重赴鹿鸣宴的内容："四月，奉上谕，顺天府奏前任礼部侍郎杜堮重遇鹿鸣，请就近与顺天府筵宴一折……着加恩赏给头品顶带，并加太子太保衔，准其重赴筵宴。"❷由于时间间隔较长，有清一代能够重赴鹿鸣宴的举人并不多见。此次巧合并非偶然。

2.祖母忌辰

《日记》十月十三日载："是日为祖慈忌辰，未初上祭，慈亲、姑母妹及子女辈行礼。"此言作者的祖母、杜堮的夫人忌辰是十月十三日。《杜文端公自订年谱》记乾隆四十六年（1781）"冬十一月，余室李夫人来归"❸，到嘉庆二十五年（1820），"李夫人卒于京邸，年五十八"❹，未言李氏病逝的月份；《芝农府君年谱》嘉庆二十五年记"十月，

❶ 关于清代重赴鹿鸣宴的研究，可参见赵永翔《清代"重赴鹿鸣宴"制度》（《历史档案》2012年第2期）一文。

❷ （清）杜堮编：《杜文端公自订年谱》，清咸丰七年刻本，第54—55叶。

❸ 同上，第4叶。

❹ 同上，第22叶。

己酉日记（二）

祖妣李夫人卒"❶，虽言月份，但未明日期；清道光七年（1827）刻本《滨州杜氏家乘》一书关于"杜堮"的记载中则明言："配李氏，利津籍，十月十三日忌。"❷由此杜堮李夫人的忌辰与《日记》所记吻合。

3.小孩抓周

《日记》十月二十八日载："回为耆龄检点抓周之物。西初，严亲自园回，与重严同看耆儿抓周。""抓周"是我国流传已久的民间风俗，指新生儿周岁之时，在其前面摆放笔、钱币、书等等，任其抓取，借以预测其前途和性情。杜受田生有二子：杜翰、杜翺。杜翰有一子杜庭璞，生于咸丰八年（1858）；杜翺有三子，其中杜庭琛生于道光二十一年（1841），杜庭珏生于道光二十七年（1847），杜庭璆生于道光二十八年（1848）。杜翰曾过继给他的伯祖父杜坊，杜庭珏又曾过继给杜翰❸。尽管如此，杜氏一家未曾分开，在京城仍然居住在一起。此日记中所说的"耆龄"当是指杜庭璆。《杜文端公自订年谱》道光二十八年载"十月，曾孙庭璆生"。出生

---

❶ （清）杜翰、杜翺编：《芝农府君年谱》，清咸丰九年刻本，第5叶。

❷ （清）杜银汉等纂：《滨州杜氏家乘》，清道光七年刻本，下册第33叶。

❸ 关于杜翰的过继及其子侄情况，可参见侯玉杰等著《滨州杜氏家族研究》（齐鲁书社2003年版）第84—88页。

年、月与此都契合。"耆龄"或许是杜庭璆的小名。道光二十九年，杜翮被任命为江南乡试副考官。《日记》九月初九日所记"午初，送弟轺车赴金陵"当即是指杜翮赴任之事。因此，杜庭璆的抓周事宜只好劳驾其大伯杜翰操办。

4.皇子师傅

《日记》十一月十三日载："知严亲回，以六阿哥所内不戒于火，时六爷入城，四爷率人扑灭，延烧西厢三间，连灰棚三间，四爷竟夜未歇，故次日无书房。"《日记》中的"严亲"指杜翰父亲杜受田。咸丰皇帝尚在潜邸时，杜受田曾长年担任其师傅，教授学业。《清史稿》杜受田本传记载："（道光）十五年，特召还京，直上书房，受文宗读。四迁内阁学士，命专心授读，毋庸到阁批本……（道光）二十四年，连擢左都御史、工部尚书，寻充上书房总师傅。文宗自六岁入学，受田朝夕纳诲，必以正道，历十余年。"结合这段话来理解前引日记的内容，"四爷"应为道光皇帝的四子奕詝，"六阿哥""六爷"应指其六子奕䜣，而所谓"无书房"的意思是指不用在上书房值班，教授皇子学习。

通过上述诸条的分析，笔者认为我们可以确定《己酉日记》的著者就是杜翰。在咸丰朝，因为帝师之后，杜翰深得咸丰皇帝的赏识，委以重任。咸丰驾崩之后，杜翰的仕途急转直下。由于他党附载垣、端华等人，在"祺祥政变"后被革职，差一点发配新疆。同治五年郁郁而终。现在遗留下来的有关杜翰的资料十分稀少，日记尤为难得。

稿钞本日记著者丛考二则

日记之作，本为自己，多不示人，故而著者没有必要在书中写上自己的姓名。图书馆编目人员在对稿钞本日记进行著录的时候，因书中未题著者，又限于时间、学识等缘由，未能准确著录稿钞本日记的著者，只能有待后来研究者详加考证，予以揭示。国家图书馆所藏普通古籍中有不少稿钞本日记的著者仍著录为佚名。近几年已有学者对国图馆藏部分日记的著者进行了考证❶。现就工作过程中遇到的二种稿钞本日记的著者略加考证，以为参考。

一、《杨子日记》

《杨子日记》，清康熙四十六年（1707）稿本，一册，书号为t4111。日记时间起清康熙四十六年

---

❶ 此类文章先后有张剑的《〈弥寿日记〉作者考略》（载《文献》2007年第4期）、王建平的《〈悔初日记〉作者考》（载《江海学刊》2008年第4期）、朱玉麒的《〈行程日记〉作者及相关人事考》（载《文献》2008年第4期）、王晓娟的《〈贩书日记〉作者及记时考》（载《文献》2011年第1期）等。

康熙四十六年丁亥正月甲辰初一日卯陰暖午後漸源

天

地又遙拜　祖　父像王經干張仁符陳点韓王鈞

平明拜

萬王源長先後來報之养過主人不面李楚公

点以疾不來主人命斐塾報謝同彦來若宿熙

文游東圉見玉蘭花竹笋点如人長還得韓十

五獅平安報：績冢婦金于歸收誌公履孫

青豆又得朱誠齋書增年譜夜置酒會彦來若

杨子日记（一）

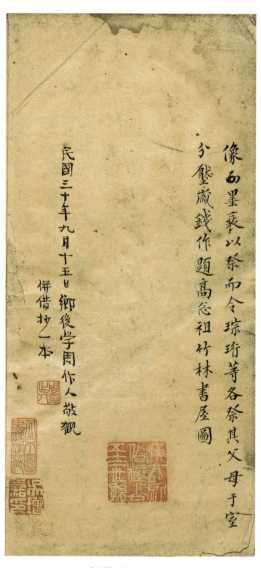

像而星衷以祭而令琮琦等各祭其父母于室

分蟹歲錢作題高曾祖竹林書屋圖

民國三十年九月十五日 鄉後學周作人敬觀

俟借抄一本

杨子日记（二）

正月初一日，止同年十二月三十日。末有周作人题记："民国三十年（1941）九月十五日乡后学周作人敬观，并借钞一本。"钤"汉太尉伯起公五十二世孙""吴增嘉印""周作人印"。

馆藏一部《杨大瓢日记》，一册，钞本，书号为124813，前有周作人题记："昔日偶然得到杨大瓢《力耕堂诗稿》《铁函斋题跋》及《大瓢偶笔》钞本，因□阅于《杨大瓢》一文，于民国廿九年六月发表于杂志上，至三十年夏，乃承杨氏后人以杨子日记一册见示，系大瓢手笔，记康熙丁亥一年间事，甚可珍重，因借钞得一本，即此是也。一九六三年五月三十日知堂。"

将此《杨大瓢日记》与《杨子日记》相比较，两者内容完全相同，结合两则周作人的题记，可以确认《杨子日记》即是钞本《杨大瓢日记》的所据底本，而两书的著者应都是同一人——杨宾。杨宾（1650—1720），字可师，号耕夫，别号大瓢，浙江山阴人，所著有《柳边纪略》《大瓢偶笔》《铁函斋书跋》《力耕堂诗稿》等。传世日记极少，手稿尤为难得。

周作人在《关于杨大瓢》一文的附记中说："今年夏承杨氏后人见示《杨子日记》，系大瓢手稿，记康熙丁亥一年间事，甚可珍重，因借钞得一部，日后如有机缘，甚愿为之刊行，亦绝好传记资料也。三十年十月廿八日记。"❶这段话对康熙四十五年日记稿本和钞本的关系做了明确的解释：民国三十年周作人得见杨宾日记手稿，因而钞录一份，后此稿本亦归其所藏，最后此钞本和稿本皆入藏国图。

《中国古籍总目》著录国图藏《杨子日记》不分卷（清康熙五十六年，按著录误，实为四十六年），清康熙稿本，当即是指上述稿本，另著录复旦大学图书馆藏有《杨子日记》一卷（清康熙五十年），清杨宾撰，清毛怀钞本。❷

二、《日记录要》

《日记录要》，民国钞本，一册，书号为128580。钤"华文学校图书馆藏"印。日记起清光绪二十六年（1900）五月十四日，止同年冬月（十一月）初一日，内容为辛丑庚子之变作者居官京师时的所见所闻。前有"小序"，末署"子山自识，时在光绪二十六年冬月，书于宣武城南铁门寄庐之苦滋味斋南窗下"。从日记可知，当时作者任职于内阁，担任中书之类的职务，又曾入"团防局"，负责办理团练事宜。

---

❶ 周作人撰：《关于杨大瓢》，载《药味集》，北京：北京十月文艺出版社2012年版，第21页。

❷ 中国古籍总目编纂委员会编：《中国古籍总目》史部第2册，北京：中华书局、上海：上海古籍出版社2009年版，第951页。

国图书目数据据此著者项著录为子山著。如果以"日记录要"为题名检索国图数据，我们会在普通古籍中检索到三部题名中包含上述四字的古籍，除上述这一部外，还有两部：《日记录要》，清光绪木活字本，一册，书号为75137；《京师日记录要》，清宋廷樾撰，清光绪二十六年（1900）晋宁宋氏铅印本，一册，书号为29610。将钞本《日记录要》与木活字本相比较，发现两者内容完全相同，钞本所据的底本应该就是此木活字本。

庚子年五月十四日起日记录要

十四入内阁该班是日旗兵甫入禁城驻紮京师戒严在著

手书一稿上军机大臣王燮石即相约四十馀言

十五日早喷简恩焕缮毕條陈一分调王燮师於东城喜鹊

胡同颇为许可约明日本宅聽信归宅闲坐无聊作诗四章

十六日赴师宅聽信闲人云已与名位军机面商事碍难行问闷而归

十八日赴翰林院侍讀朱益藩艾卿招饮於城西谢公祠是日

光绪二十六年

下

之曰随事闲挂一漏万然不过一时任笔纪实览者识大不贤

识小愈项细愈真切精神不继要需於楷墨外录之有不忍

过事苟求者且亦不必过事苟求者也子山自识时在

冬月书於宣武城南铁门寓庐之苦滋味斋南窗

日记录要

铅印本《京师日记录要》前有"自序"，末署"时在光绪二十六年庚子冬月，晋宁宋廷模子山氏，书于宣武城南铁门寄庐之苦滋味斋南窗下"。该书的著者即据此著录。将木活字本《日记录要》与铅印本《京师日记录要》相比较，发现木活字本的内容基本都包括在铅印本中，因此可以断定两者的著者应该是同一人，即宋廷模。宋廷模纂修有《平潭厅乡土志略》（清光绪三十二年（1906）铅印本）。

据民国《平潭县志》卷十三"职官志"载："宋廷模字子山，云南晋宁州举人，光绪三十年任。"又卷三十一"名宦传"载："宋廷模号子山，云南晋宁州举人，福建候补知府，光绪甲辰由兴化水利局调署平潭同知。"

铅印本中的不少内容，未包括在木活字本中，如《上军机大臣王文韶书》《致御史陈璧书》《与恽毓鼎往来书札》等等。铅印本书后又附录李中堂代奏稿、同人赠题风雪夜巡图、挽李文忠联等等，也没有包括在木活字本中。

晚清藏书家生平事迹略考二则

晚清藏书家数量众多，其中著名人物研究资料非常丰富而为大家所熟知，许多普通人物由于相关资料匮乏，我们对其生平事迹一时难以明了，只能根据新出材料或新的角度来加以考证、完善。近读郑伟章先生的《文献家通考》❶一书，结合有关资料，对其中提及的倔道人秋厓氏、吴慈培二人的生平事迹有了新的认识，故而草此小文。

一、倔道人秋厓氏

《文献家通考》第1208—1209页收录了"倔道人秋厓氏"一条。郑先生根据北京大学图书馆藏稿本《四槐堂藏书录》的自序内容及末署"光绪十五年己丑冬日山左古琅琊倔道人识"等语，以及书中所附《四槐堂金石录》跋署"光绪十五年己丑秋日识于渭南署之四槐堂，山左倔道人秋厓氏书"等，认为该书著者"名秋厓，别署倔道人。姓氏、名号、生卒年均

---

❶　郑伟章著：《文献家通考》，北京：中华书局1999年版。

不详。山东琅琊人。同治七年（1868）入陕为候补道。光绪十五年（1889）官于渭南。"经过笔者的考证，此"倔道人秋厓氏"的姓名应为赵嘉肇。

国家图书馆普通古籍藏书中有一部清赵嘉肇撰、光绪十六年（1890）渭南县署刻本《忠孝节义见闻纪略》，书中自序末署"光绪十有五年己丑冬日，山左古琅琊倔道人赵嘉肇孚民氏自序于西安渭南县署之四槐堂"，署名内容与《四槐堂藏书录》中的署名几乎一致。书末曹季凤"跋"提到"吾师秋厓先生官秦中数十年……自是别号倔道人"，其中的"秋厓先生""倔道人"就是指该书的作者赵嘉肇。

普通古籍藏书中又有一部清赵德懋撰，赵嘉肇辑，光绪十一年（1905）三原县署刻本《妙香斋集》，书中慕荣幹"序"里提到："孚民明府重刻其曾王父荆园先生诗集，问序于余"一语，说明赵德懋为赵嘉肇的曾祖父。该书附有贺瑞麟撰《大理府知府荆园赵公传》，其中谈到："公赵氏，讳德懋，字建泽，荆园其号也。先世自明洪武初由山西洪洞迁沂州之兰山官庄村居焉，遂为兰山县人。"由此可知赵嘉肇是山东省沂州府兰山县人。

核之地方志，笔者在民国《临沂县志》（陈景星等修、民国五至六年刻本）卷十"人物二"中找到了赵嘉肇的传记，附于曾祖父赵德懋传之后："（赵德懋）长子宗歧亦能诗，著有《晴岚诗钞》。宗歧孙嘉肇字孚民，咸丰壬子举人，以知县分陕西，历任三原、福平、咸宁、鄜、浔阳等县，调补渭南同知。著有《华山游记》《潜德幽光》等书。"又严书麟修《新修渭南县志》（光绪十八年刻本）卷六下"官师志"中记载了赵嘉肇的任职情况："赵嘉肇字孚民，山东沂州府兰山县举人，光绪十五年正月任……十七年二月卸事。"

综上，赵嘉肇字孚民，别号偶道人，山东省沂州府兰山县（现山东省临沂市兰山区）人，咸丰二年（壬子，1852）举人，曾任三原、福平、咸宁、鄜、浔阳等县知县，渭南同知。秋厓疑为其号。

二、吴慈培

《文献家通考》第1422—1424页记载了清末民初藏书家吴慈培的生平："字佩伯，别字偶能，云南保山县人，直隶总督兼北洋大臣杨士骧(字莲府)之婿。生年未详，约卒于一九一六年前，卒时年甫三十。清时官直隶候补道员。"文中对吴慈培的生年未确定，卒年也只是推测在1916年前。王晓娟《〈贩书日记〉作者及记时考》一文[1]对吴慈培生平的叙述没有超出《文献家通考》之外。现笔者根据有关材料准确考证

---

❶　王晓娟：《〈贩书日记〉作者及记时考》，《文献》2011年第4期。

出吴慈培的生卒年。

《清代官员履历档案全编》光绪三十四年份（1908）下记载了吴慈培的履历："吴慈培现年二十五岁，系云南保山县人，由监生以股票银两请奖同知。双月选用，加捐三班，分发试用。又在广西饷捐案内报捐道员，双月选用，加捐三班，指分直隶试用。于本年六月十五日蒙钦派王大臣验放，十六日具奏，堪以照例发往。奉旨：知道了。"❶根据所述的籍贯以及任职情况判断，笔者认为此"吴慈培"与前述藏书家吴慈培应为同一人。那么，据此推断吴慈培出生时间是清光绪十年（1884）。

又《恽毓鼎澄斋日记》民国五年（1916）正月二十三日记载："闻门人吴佩伯侄病殁天津，凄然泪下。佩伯丁酉、戊戌间从余学文，兼授以毛诗之学。其人性情肫笃，而高亢目空一世，独敬服余。今年仅三十三耳。因作书寄其伯父子明四兄，致哀悼之意。"❷结合国图藏稿本《吴慈培日记》宣统二年正月十二日中有称"谒恽澄斋师"之语，以及吴慈培字佩伯，可以确定《澄斋日记》所说的吴佩伯就是吴慈培。他的去世时间为民国五年（1916）。从"今年仅

---

❶ 秦经国编：《清代官员履历档案全编》第8册，上海：华东师范大学出版社1997年影印本，第182页。

❷ 恽毓鼎撰：《恽毓鼎澄斋日记》，杭州：浙江古籍出版社2004年版，第760页。

三十三耳"推断吴慈培的生年，与前述一样，都是光绪十年（1884）。

上引《澄斋日记》中所说的"子明四兄"当指吴焘。吴焘字子明，号季寅，行四，生于咸丰六年（1856），云南保山人，光绪二年（1876）进士。保山吴氏是晚晴科举大族。吴煜、吴灼同为光绪元年举人，吴煦为光绪十六年进士，吴炳为光绪元年举人、光绪十二年进士（与吴慈培的岳父杨士骧为同榜）。据光绪十六年吴煦会试朱卷所载，当时吴煦的侄子有祖培、德培、恩培、伯培、天培，儿子有厚培。此时吴慈培已经出生了，居然没有反映，其中缘由尚待进一步考证。❶

---

❶ 高国强《藏书家吴慈培事略》（载《西南古籍研究》2015年）对吴慈培生平、聚书、校书、交游、藏书流散与著述有详细论述，可参阅。

《贺葆真日记》
所见民国时期藏书家藏书流散资料辑注

近日笔者阅读《贺葆真日记》，见其中多有关于民国时期藏书家藏书流散的记载，因感于这些资料或许有助于藏书史的研究，故而摘录出来，略加注释，以为相关研究者参考之用。

一、贺葆真及其《日记》

贺葆真（1874—1949），字性存，河北武强人，优廪生，曾长期随侍其父贺涛身边。贺涛逝世后，贺葆真被延入徐世昌幕府，协助整理其文稿以及参与《大清畿辅先哲传》《晚晴簃诗汇》等书的编纂。

国图藏《贺葆真日记》（以下简称"《日记》"）共十六册，钞本，起清光绪十六年（1890）正月六日，讫民国十九年（1930）十二月三十一日，中间缺民国九至十八年日记。从光绪三十二年起，日记定名为"收愚斋日记"。《日记》内容十分丰富，包括义和团运动、八国联军侵华、民初政党、徐世昌及其编书等等，是研究清末民初政治、军事、文化等的重要参考资料。2006年，学苑出版社影印出版的《历代日记丛钞》一书中收录了此《日记》，在第131至133册。

二、端方藏书

民国五年十二月二十一日："访纪泊居先生。先生曰，闻人言端午桥之子售出其所藏石刻拓本千副，又售出百衲本《通鉴》等书。《通鉴》仅售五百元，端公之子人甚无赖，不欲近正人，吾辈若往求其书，必不肯出也。闻其以苏子瞻墨迹大卷送东海相国。"（第132册，第524页）

纪泊居即纪钜维（1849—1921），字香骢，一字伯驹，号悔轩，晚署泊居老人，直隶河间人，纪晓岚五世孙，同治十二年拔贡，曾任职内阁中书，长期居张之洞幕府中，工诗文，精鉴赏，著有《泊居剩稿》《泊居剩稿续编》等。

端方（1861—1911），字午桥，满洲正白旗人，官至直隶总督。端方酷爱收藏，举凡金石字画都在其收藏之列。数量非常可观，以其所藏而编纂的著述包括《陶斋吉金录》八卷《续录》二卷补遗一卷、《陶斋藏石记》四十四卷卷首一卷、《陶斋藏砖记》二卷、《陶斋藏印》四集、《陶斋古玉图》《陶斋旧藏古禁金器》等数种。此外，藏有大量的名帖名拓，如宋拓《孔宙碑》、明拓《曹全碑》等等。端方去世后，其宏富收藏不数年即散失殆尽。伦明在评述端方收藏时言道："所藏金石彝器甲宇内，旁及古籍，亦有佳本。壬癸间，某炉房以二千金得之，仅知者，有宋本《通鉴》，后归傅沅叔，今影印百衲本者是也。"❶

三、高鸿裁藏书

民国八年二月十五日："游厂店、火神庙，厂店明日闭会，火神庙再明日闭会……高翰生之书已全数售于琉璃厂，闻售四千四百元，已陈列书肆，并有初印先君文集，盖徐梧生先生所赠予者。书皆高翰生手置，死才逾年，已全数售出，可惨也。"（第133册，第297—298页）

高鸿裁（1852—1918），字翰生，山东潍县人，曾参与《山东通志》的纂修。嗜好藏书，又喜金石拓片收藏，藏书处名为"辨蟫居"，有《辨蟫居藏书目》一卷，以收藏山东方志和古砖瓦为特色。《文献家通考》认为"鸿裁殁后，其方志流落美国，古砖瓦终归山东省馆所珍藏。至于其他藏书今不知在何处。"❷上述这条材料记载了高鸿裁藏书的流散。

---

❶ 伦明撰：《辛亥以来藏书纪事诗》，上海：上海古籍出版社1999年版，第57页。
❷ 郑伟章撰：《文献家通考》，第1212页。

四、陈毅藏书

民国十九年三月三十日："文昌馆封书，乃保古斋之书而购之陈毅氏者。陈毅湖南人，以进士官工部主事，及徐又铮在库伦恢复蒙疆，陈毅继其任，而外蒙又叛，陈乃褫职。陈死，其家售所藏书，货万金，云毅虽喜购书而书贾颇怨之，以其欠书价迄未见还也。"（第133册，第436页）

《文献家通考》载清末民初同名陈毅的藏书家有两位，一为湖南湘乡人，字诒重，生卒年是1871—1929，一为湖北黄陂人，字士可，生卒年是1867—1927。不过，曾任职库伦者则为湖北陈毅。因而《日记》中所言"陈毅湖南人"当系笔误。湖北陈毅之书现主要藏于国家科学院图书馆，湖南陈毅之书则售归湖南中山图书馆（现湖南图书馆）。

五、姚华藏书

民国十九年八月二十四日："姚华卒，所藏书近皆售出，文禄堂、邃雅斋两家分得之，出赀万四千元。其精者渐售出。姚本书画家，始死而书即不可保，可哀也。"（第133册，第492页）

姚华（1876—1930），字一鄂，号茫父，贵州贵筑（今贵阳）人。光绪三十年进士，官邮传部主事。

入民国后，曾选为参议院议员，后任北京女子师范学校校长、朝阳大学教授等。工书画，善诗词，精通碑版古器及考据音韵。伦明《辛亥以来藏书纪事诗》"姚华"条记其藏书流散云："君殁，所藏归文禄堂、邃雅斋二家，得值一万三千金。"售书价格与上条所言"一万四千元"略有出入。

六、周叔弢藏书

民国十九年十月十七日："赴文昌馆观封书，会文、待求、东来三家夥购之天津周氏者，建德周叔弢也。书多有周叔弢印章。凡六千元，将逐日封售。今日以《通艺录》为首，修绠堂以九十元得之。"（第133册，第512页）

周暹（1891—1984），字叔弢，晚号弢翁，藏书室名自庄严堪、孝经一卷斋等，安徽东至人，曾任天津市副市长、第二届全国政协常委、第一至五届全国人大常委等职。周先生是著名藏书家，一生笃好藏书，所藏宋本《寒山子诗》、元本《孝经》等珍本佳椠数量众多，可与李盛铎木犀轩、傅增湘双鉴楼鼎足而立。其藏书陆续捐入公藏机构，分藏于国家图书馆、天津图书馆、南开大学等单位。

李国庆先生在《周叔弢先生藏书活动系年要

录——为纪念夑翁逝世十周年而作》一文中提到"（民国十九年八月）是月，斥卖善本书数百种以偿债"❶，当即是指上文周先生售出之书。

七、朱棨之藏书

民国十九年十月十八日："观书文昌馆，以《津逮秘书》为首，此次各书多有朱玖聃图章，晚晴簃诗社之书亦多有其图记，其图章颇精雅，往岁怡墨堂曾以朱氏书佳本者数十种示余，余未购也。朱氏购书在光绪甲午前后，才几何时，已再易主矣。朱氏藏书虽未甚富，然在北方已负藏书盛名矣。"（第133册，第512—513页）

朱棨之，字淹颂，号九丹、玖聃，又号琴客、皋亭，河北永清人。关于朱棨之的生平事迹，知者寥寥。据史广超先生考证，朱棨之生于清咸丰九年（1859），卒年不详，宣统三年尚在世，曾参与创办永清存实学堂。❷朱氏系晚清北方的重要藏书家，钤盖有其藏书印的古籍现遍藏于海内外各大图书馆内。然而关于其藏书特色及流散的概况，各种论著往往语焉不详或付阙如。上述这段话或可作为研究朱氏藏书流散的资料。

❶ 该文载于《文献》1994年第4期。
❷ 史广超：《河北藏书家朱棨之事迹钩沉》，《兰台世界》2012年5月下旬。

莫友芝寻访文汇、文宗阁书史料钩沉
——读《莫友芝日记》札记

近日，笔者阅读张剑先生整理的《莫友芝日记》❶，书中有一些关于同治年间莫友芝寻访文汇、文宗阁《四库全书》的记载，对于相关研究不无帮助，现摘录出来，以供参考，并略加考证之语。

一、寻访缘由

清乾隆四十七年，在第一份四库全书钞录完成后，乾隆皇帝认为江浙为人文渊薮，"其间力学好古之士，愿读中秘书者，自不乏人。兹《四库全书》，允宜广布流传，以光文治"，于是下令在钞写第二、三、四份四库全书的时候，另外再钞写三份，分藏于扬州文汇阁、镇江文宗阁和杭州文澜阁。❷是为"南三阁"。太平天国时期，江浙之地是主要战场。兵燹

---

❶ 莫友芝著，张剑整理：《莫友芝日记》，南京：凤凰出版社2014年版，下引该书，只注明页码。

❷ 黄爱平撰：《四库全书纂修研究》，北京：中国人民大学出版社1989年版，第146—147页。

之后，无论是私家藏书还是官府藏书，毁损惨重，上述三地的阁书亦未能幸免。

曾国藩在镇压太平天国的过程中，注重文化的保存与传承。咸丰十一年，他在安庆设立书局，刊刻《船山遗书》。同治三年收复南京后，曾国藩将书局由安庆迁至南京，大规模校刊经史之书。作为汇集历代典籍的"南三阁"四库全书，自然也在他的关注之列。由于早年曾任文渊阁校理，曾国藩对《四库全书》印象深刻，他在《圣哲画像记》中说："及为文渊阁直阁校理，每岁二月侍从宣宗皇帝入阁，得观《四库全书》，其富过于前代所藏远甚，而存目之书数十万卷尚不在此列。"❶因此，一旦江南平定之后，曾国藩即刻派自己的幕僚莫友芝，南下扬州、镇江等地，搜访阁书留存状况。

此前关于莫友芝寻访文汇、文宗阁书的材料主要是其一份名为《探访镇江、扬州两阁〈四库全书〉上曾国藩书》的函札，原函现存南京图书馆。此函札的内容是莫友芝向曾国藩报告寻访的结果：

奉钧委探访镇江、扬州两阁四库书，即留两郡间二十许日，悉心咨问，并谓阁书向由两淮盐运使经管，每阁岁派绅士十许人，司其曝检借收。咸丰二三年间，毛贼

---

❶ 曾国藩撰：《圣哲画像记》，选自《曾文正公诗文集》文集卷二，《四部丛刊》本。

且至扬州，绅士曾呈请运使刘良驹筹费，移书避深山中，坚不肯应。比贼火及阁，尚扃匙完固，竟不能夺出一册。镇江阁在金山，僧闻贼将至，亟督僧众移运佛藏避之五峰下院，而典守书阁者扬州绅士，僧不得与闻，故亦听付贼炬，惟有浩叹。

比至泰州，遇金训导长福，则谓扬州库书虽与阁俱焚，而借录未归与拾诸煨烬者，尚不无百一之存。长福曾于泗、泰间三四处见之，问其人皆远出，仓猝无从究诘。以推金山库书，亦必有一二具存者。友芝拟俟秋间更历诸郡，仔细搜访一番，随遇掇拾，不限多少，仍交运使恭弄，以待将来补缮。❶

而莫友芝在日记中详细记载了此次寻访的经过。

二、寻访过程

同治四年（1865）元月二十一日，莫友芝"奉使相札，命往扬州、镇江一带搜求乾隆间颁存文汇、文宗两阁《四库全书》散失零星之本，恭藏以待补缮。闻镇江之阁在金山者悉为灰烬，唯扬州一阁经乱分散于民间市肆，或犹有一二可寻也。"（第130页）莫友芝得到此任务后，并没有马上出发，不过开始关注

---

❶ 李希泌、张淑华编：《中国古代藏书与近代图书馆史料（春秋至五四前后）》，北京：中华书局1982年版，第20页。

此事。二月十八日《日记》记到："还访魏刚纪耆及其从弟盘仲铭，刚纪言金山官书当未火时，寺僧△颇有与藏经同移出避于五峰山之下院者，山在丹徒两县间，扬州大观堂官书昔司之者，吴让之其一也，问之当能知其散落有存否。"（第133页）

二月初九日，莫友芝正式出发寻访阁书："禀辞中堂，出水西门登舟前往扬镇，中堂属更为寻《五礼通考》初印精本。"（第136页）

二月十四日，抵达镇江："行二十里，至金山下泊，山自道光末西南长洲接于岸，前代以走马上金山为乱兆。咸丰初三年，果有长毛据金陵之事。此山殿宇、行宫、书阁、经藏被焚一空，先是寺僧△华恐寺不可保，捆载经藏避之五峰山中，而书阁四库书旧管于运司，僧不与闻，竟未有谋及移避者，今佛藏存而四库尽毁，甚可惜。魏刚纪所谓僧并移四库之一二存五峰者，未确也。"（第136页）

四月初八日，抵达泰州，初九日"欲访金雪舫长福，而雪舫至，问以文汇阁遗书，谓咸丰三年毛贼陷扬州时，贼酋欲睹行宫，索宫中及大观堂弄藏于天宁寺僧△云，僧坚不应，遂火寺，及堂阁，僧亦被火，数日夜不熄灭，后有检灰烬得担许残纸，皆烂不可理矣。唯闻尔时经管阁书为谢梦渔增，今用山东简缺道，其家住扬州城康山旁，尚有借钞未还者数种。贼未至时，董事者请运司以二三千金移阁中御赐及《全

莫友芝（选自《清代学者象传》）

书》避之他所，坚不肯应，运库寻为贼有，时盐运使刘良驹也。"（第141—142页）

闰五月十七日，莫友芝从上海乘船回到南京，"距三月九日出门历江北扬州府、通州，渡江历苏、松、镇三府凡百有七日"。（第149页）期间基本调查清楚了文汇、文宗两库藏书的下落，只可惜没有搜见一册两阁残存的四库书。

《探访镇江、扬州两阁〈四库全书〉上曾国藩书》相当于莫友芝给曾国藩写的一份工作报告，其内容与日记所记相差无几。报告的写作时间，《中国古代藏书与近代图书馆史料》将之系于清同治四年五月，其实当可更加具体。《莫友芝日记》五月十四日有"作字上曾相国"（第146页），当时莫友芝已在上海，寻访工作基本结束，而且此前也没有给曾国藩写信的记载，所以笔者认为函札的撰写时间就是五月十四日。《曾文正公书札》卷二收录《复莫子偲》，笔者以为这就是曾国藩给莫友芝的回信。信中曾国藩说："镇、扬两阁四库书既遭一炬，所谓存十一于千百者，又仓猝无从究问，只好徐徐图之"，表达了曾国藩对此事的遗憾。

三、后续寻访

上述寻访结束后，莫友芝并没有停止对文汇、文宗两阁书的搜寻。八月十二日，"晤刘伯山，问镇、扬两《四库》书被燹缘起，谓扬州经管者乃谢△△，其弟△△方署江宁校官，可问之。镇江经管者乃汪庸甫先生之孙△△，曾为其画策捐费移避，力不能而止。谢氏则曾具呈于运司刘良驹筹费移避，以须筹费不理也。"（第156—157页）

同治五年五月，莫友芝将到江南诸郡游览，"续完采访两阁全书公干，兼查核各儒学各书院官书兵后有无存留。"（第185页）遗憾的是，日记中没有太多的记载，当是收获无多的缘故。

同治六年八月二十一日，莫友芝在与丁丙会面时，了解了文澜阁的散佚情况："还，松生相见。松生弟兄当城陷时，收得文澜阁四库书数千册，运避沪上，乱定又于村镇间搜求散落出者，已合万册有奇，于全书几得三之一。其好义见大，可尚也。"（第221页）

国家图书馆古籍馆藏有一部清钞本《文宗阁四库全书装函清册》四册，上有莫友芝的藏书印，系其旧藏。❶虽然我们不知道该书是莫友芝何时访得，但是可以确认，应该是同治四年寻访之后所得，说明莫友芝一直念念不忘此事。

---

❶　王菡：《〈文宗阁四库全书装函清册〉说略》，载《文献》2002年第3期。

天津图书馆藏清钞本《越缦堂日记》研究

天津图书馆藏有一部清钞本《越缦堂日记》，1999年曾影印出版，收入《天津图书馆孤本秘籍丛书》中❶。该书向不为李慈铭研究者所关注，笔者不揣谫陋，略加研究，草就此文。

一、钞本概况

该钞本共四册：第一册起咸丰十年（1860）三月十四日，迄同年九月二十九日，为《越缦堂日记》庚集中、下；第二册起咸丰十年十月初五日，迄十一年（1861）十二月三十日，为《越缦堂日记》庚集末、辛集上中下；第三册起同治元年（1862）正月初一日，迄二年（1863）十一月初一日，为《越缦堂日记》壬集、《孟学斋日记》甲集上下；第四册起同治二年十一月初二日，迄四年（1865）九月二十九日，

---

❶ 《天津图书馆孤本秘籍丛书》第4册，北京：中华全国图书馆文献缩微复制中心1999年版，第1—234页。

为《孟学斋日记》甲集下、乙集中。末附《鲁母周孺人八艳寿序（己巳）》文一篇。

第四册书末有"甲寅（1914）八月石莲读"题记，每册卷端钤"仲怿手校"印，另据该馆书目数据著录尚钤"海丰吴氏藏书"印，由此可知此钞本曾是吴重憙旧藏。吴重憙（1838—1918），山东海丰（今无棣）人，字仲怡、仲怿，号石莲，晚号石莲庵，同治元年举人，曾官河南开封知府、福建按察使、江宁布政使、河南巡抚等职，著有《石莲庵诗》十卷、《石莲庵词》一卷，辑有《海丰吴氏文存》四卷《诗存》四卷、《吴氏先德录》三卷，刻有《石莲庵汇刻九金人集》《吴氏石莲庵刻山左人词》等。吴重憙与其父吴式芬为晚清学者，家富藏书。国图藏有清钞本《海丰吴氏藏书目》一册，陕西师范大学图书馆藏有稿本《石莲庵藏书目》十二册。❶

《中国古籍善本书目·史部》著录此清钞本。

二、题记研究

该书第三、四册末分别钞录有陶澍宣、陶方琦的题记，对于此钞本的研究颇有参考价值，现整理如下，略加考证：

---

❶ 郑伟章撰：《文献家通考》，北京：中华书局1999年版，第1084页。

1.陶方琦题记

第四册书末陶方琦的题记为："越缦先生邃于经史之学，凡百家诸子以及地志内典之书靡不观览。幼工词章，捷捷视辈，既专力于群经汉儒之说，盖渊懿朴懋。入都后，馆周相国家，获睹中秘书，由是蜚名区中。生平有书痴，凡一书无不悉其殿最。雠书既富，俨为大儒矣。所著书甚多，尽功力于汉魏师儒之说，尤精训诂声音之学，故能卜接阎、顾、江、惠、戴、钱诸儒而集其大成也。余交先生晚，然余所著《淮南许注》《周易郑注疏证》《尔雅汉学补证》皆深誉之。兹日记四册，余从其高弟子孙子熹荪受而读之，望洋奥叹，为之爽然。辛未秋中二十一日孝邈陶方琦识。"另第三册末有"陶方琦阅一过"题记一行。

陶方琦（1845—1885），字子珍，号兰当，谱名孝邈，浙江会稽陶家堰人。光绪二年进士，历官编修、湖南学政。其学"治易郑注、诗鲁故、尔雅郑注，又习大戴礼记，其治淮南王书，方以推究经训，搜采许注，拾补高诱，再三属草，矻矻穷年"❶。著有《淮南许注异同诂》《郑易马氏学》《兰当词》等。陶方琦曾拜乡前辈李慈铭为师，汲汲于汉学，故

---

❶ 谭廷献：《陶编修家传》，载《清代碑传全集》，上海：上海古籍出版社1987年版，第1233页。

题记中对李氏学问称赞有加。题记末署"辛未"即为同治十年（1871）。

题记中言及"孙子熹荪"指孙咏裳。孙咏裳本名星华，字子宜，号熹荪，浙江会稽人。光绪二年举人。孙咏裳是李慈铭友人孙廷璋之子。咸丰六年（1856），李慈铭馆于孙家，教廷璋中表两人及子侄两人。同治年间，李慈铭从京城返回绍兴时，孙咏裳又曾从李慈铭请教制艺文之作，后来两人多有诗词来往。

从陶方琦题记"兹日记四册，余从其高弟子孙子熹荪受而读之"一语可知，这四册越缦堂日记乃是孙咏裳所藏。《越缦堂日记》同治九年十一月十五日载："作片致孙子宜索还日记。"[1]根据此钞本的内容，或许这四册日记就是同治九年前后钞写的。

2、陶濬宣题记

第三册书末有题记"光绪庚子花朝假读一过，时先生墓草已宿矣。岂胜悼怆。濬宣记于福州塔巷。"此"濬宣"当指陶濬宣。

陶濬宣（1846—1912），字心云，号稷山，浙江会稽陶家堰人，光绪二年举人，曾在广雅书院、湖北志书局任职。李慈铭与陶濬宣的交往盖由于同乡、且

---

[1] （清）李慈铭撰：《越缦堂日记》第7册，扬州：广陵书社2004年版，第4550页。下引该书，只注明册数及页数。

与陶濬宣关系的缘由。同治十年元月十一日，陶濬宣拜访李慈铭，此或为两人交往之始。但是两人的关系并不密切。同治十一年七月二十七日，李慈铭收到陶濬宣寄来的信并银子十两，感慨道："心云教授自给，与予交甚疏，而远道相思，束修分饷，今人所仅见也。"❶光绪初年进京赶考时，陶濬宣还曾居住于李慈铭寓所。之后两人关系密切，"以心云寓居吾家东头，故多处分家事托其转告。"❷

"庚子"为光绪二十六年，其时距离李慈铭去世已经有六年之久，陶濬宣因而才有"墓草已宿"的感叹。

三、文献价值研究

《越缦堂日记》不仅记录了李慈铭每日的所行、所思，而且其所作诗文等多记载其中。李慈铭与友朋之间时常商借日记，钞录诗文，相互借鉴与砥砺。陈骧、吕耀斗、平步青、潘祖荫、孙咏裳、潘曾绶等人都曾借阅李氏日记。在借阅过程中，他们往往会摘钞日记中的内容，如潘曾绶就据李慈铭日记摘录成一部名为《莼记摘隽》的书。❸

---

❶ 第8册，第5843页。
❷ 第15册，第11241页。
❸ 第3册，第1384页。

李慈铭（选自《清代学者象传》）

李慈铭日记中时常可见大段的涂抹修改之处，特别是在早年的日记上尤其明显，究其原因，或因人事缘由，对某人的看法有变而作修改；或因文稿求精，而作修改。早年李慈铭与周星誉、星诒兄弟交往甚密，日记几乎每隔一二页即有其名，后来与周氏兄弟交恶，李慈铭对日记中有关他们的记载进行涂抹。❶因此，早年的日记钞本保留了此前的原貌，可为研究李慈铭的珍贵材料。

此部清钞本《越缦堂日记》对原稿并非全部钞录，而是选择性地摘钞，钞录的内容主要是李氏的读书笔记及其诗文。由于钞写的时间较早（或据以传钞的底本钞写时间较早），其中有不少内容与现在保存的日记原稿存在差异之处，故而体现了此钞本的文献价值，具体如下：

1.阙文

日记原稿空缺，钞本可补其内容。咸丰十年三月十九日读钱大昕《廿二史考异》，"而兼采会要及历朝各家诗文集以订正之"与"其论《史记》中祖弥庙一条"两句之间有半叶的空白。❷此钞本保留其内容："予尝论此事于实学固不关涉，然读书精细至此，始无遗憾……先生此书，如为初学史者观，自不如赵瓯北《廿

❶ 第1册，第366页。
❷ 第2册，第1207—1208页。

二史札记》之条贯，盖赵书以备记诵为多，先生则功专校订也。"（省略号为笔者所加，中尚有文字，下同。）

2.异文

日记原稿有修改，钞本可见其修改前的文字。咸丰十年闰三月初一日，言及屠氏姑母去世事，日记现作"姑于屠氏为姨子妇"，钞本作"姑母适屠氏，为母姨子妇"；日记现作"周孺人乃继室也"，钞本作"今姑母乃继室也"；日记现作"孺人父某公以赀得四品官"，❶钞本作"姑母周氏子，生长巨富，父某公以赀得四品官"。两相比较，可见李慈铭修改的痕迹。

同治二年五月十七日，"杨铁臣户部来不见，户部闽县人，通经义及天文律数小学，尤以经世才自命。在户部时，以事与尚书肃顺忿争，得左迁，遂去官。"❷原稿"杨铁臣户部""户部闽县""户部"皆为涂抹后的补充文字，此钞本相应处作"某某""某某者某地""△△"，说明此钞本钞录时日记原稿尚是涂抹，没有补充文字。目前所见的文字是后来增加上去的。

3.涂抹字

日记原稿有涂抹，钞本可见其涂抹前的文字。

---

❶ 第2册，第1227页。
❷ 第4册，第2350页。

《日记》咸丰十年五月二十一日"方寸杂糅，言不成文"后面有五行文字被涂抹，❶此钞本相应之处恰好有五行文字，可见其涂抹的内容："陟岵之告，尤难指笔……后之览者，亦当悲而怜之也"；同年十月初九日"此君稍假以年，直可追古作者"后面有三行涂抹文字，❷此钞本也可见其涂抹文字："叔子谓不料中州尚有此手，列之我辈益社七子中，直无愧色。京华衮衮，无此正始之音也。益社七子者，素人、叔子、季贶三昆，子九、先太守字、孟调及鄙人也。予尝谓叔子，今孟调已殁，当配以珊士矣。"

　　以上聊取数例，说明此钞本的文献价值。由此说明，我们在研究李慈铭及其日记的时候，不可忽视现存的各种日记钞本，需要仔细分析其中所具有的价值，并加以利用。

---

❶　第2册，第1341页。

❷　第3册，第1579—1580页。

"寿彭"考略

闲暇之余，笔者比较喜欢阅读"书话"一类的著作，因其中多言书籍的写作、刊刻或流传等方面的掌故。不过精力所限，这类书看的较多的是周作人、郑振铎、黄裳、沈津等诸位先生的，自感从中获益匪浅。2012年韦力先生《芷兰斋书跋初集》出版后，承责任编辑王燕来兄的美意，馈赠一部。欣喜之余，急忙捧书拜读，并一口气读完，感觉此书设计独特，装帧漂亮，文笔流畅，书史藏事娓娓道来。虽名为"书跋"，其实就是书话著作。读此书，我们能够真切感受到一位真正爱书、懂书的人在向我们讲述书中每一部古籍背后所隐藏的故事。

《芷兰斋书跋初集》中有一篇"寿彭跋《韩非子》二十卷"，言著者所藏一部《韩非子》上有寿彭的题记，初意以为题记者为清末状元山东潍县人王寿彭，不过从题记时间来看又对不上，因为状元王寿彭卒于1929年，而题记的时间是1937年，所以此"寿彭"不应该是王寿彭，当另有其人。著者又怀疑是陈雷，但是没有证据，只能揣测。当时笔者看完之后，也作了一番查考，但无果而终，也就不了了之了。

前一段时间偶阅袁芳荣先生的《古书犀烛记续编》，中有一篇"《洛阳伽蓝记》"，谈及所藏明末汲古阁刻本《洛阳伽蓝记》上有"寿彭"的大量批校跋语，刚开始也以为是清末状元王寿彭，但是经考证后也是因为时间对不上，只好"此一疑惑有待他日再解"。

袁书读到此，我想起之前韦力先生的书，于是将两书相互比对，从笔迹来看，两人谈到的"寿彭"应为同一人。查袁书中又记题记的署名，"大多写'寿彭记'，偶写'聃生题记''王筬记'及'寿彭王筬记'，钤印'王思筬印''寿彭'。"笔者用"王思筬"在百度中搜索，在孔夫子网站上（http://pmgs.kongfz.com/item_pic_41909/）记载上海博古斋拍卖有限公司2007年秋季大型艺术品拍卖会上拍卖有一种清乾隆刻本《复古编》，上有钤印"定州王思筬收藏金石书画章"。于是大胆推测此"定州王思筬"应该就是袁书中的"寿彭""王思筬"。

依稀记得以前在编目过程中，曾经眼定州王氏刊刻的书，于是用"定州王氏"四字在馆藏数据中检索，果然找到"定州王氏谦德堂"刊印的《畿辅丛书》，再一查考，确认丛书的刊刻者是王灏、王延纶父子。两人是晚清、民国时期的著名人物。王灏（1823—1888），字文泉，咸丰二年（1852）举人，著有《括斋笔记》《定武团练纪略》《畿辅地名考》

等书，一生孜孜于藏书，辑校《畿辅丛书》，刻未竟而卒。其子王延纶续其业。王延纶生于清咸丰六年（1856），字合之，一字鹤芝，号蓉村，光绪二十四年（1898）进士，曾任山东武城县知县、候补直隶州知州。王延纶《会试朱卷》载其长子名"思范"，其侄子也多为"思"字辈。由此更加确信"王思镂"是王灏的后人。

笔者从网上辗转找到定州王氏研究会负责人的电话，询问之下，确认王思镂即是王寿彭，并告知我王思镂孙女山西长治医学院王祖镐的电话。于是，冒昧给王老师去电话，请教此事。王老师告知了王思镂的简历：王延纶次子，曾任傅作义部秘书、参谋长，文史馆馆员，曾参与《辞海》编纂工作，同时王老师还告诉了我她小时候与爷爷生活的情景，虽然时间不长，但是记得是在西海北河沿附近。不过笔者查询了历年中央文史馆和北京文史馆的馆员名单，都没有王思镂或王寿彭的名字，不知为何，只能存疑。

现在关于王思镂的材料并不多，笔者搜寻到三条，罗列于下，以供参考：

第一，民国二十三年《定县志》"重修民国定县志题名"中罗列"校阅邑人"有"王思镂"，卷十一"人物篇"中，"清代科第""选举"和"专门以上学校毕业生"都没有"王思镂"之名，或许其没有进入新式学校就读。

畿辅丛书

第二，《贺葆真日记》民国七年七月三日载："寿彭昨又回京，访之于第一客栈，时韩子元在坐，相与畅谈各藏书家之盛衰，某书之佳恶，以及董受经、罗叔蕴刊书之情形，西泠社发达之原因。寿彭辄与问答，并言《畿辅丛书》有宜刻数种，并属韩君为搜求某书某书，知寿彭于目录之学研究已久，藏书家之子弟固异凡童也"❶，此"寿彭"当即指王寿彭；民国八年四月八日至十二日又言及与王寿彭互访及同访吴闿生事宜。❷看来武强贺葆真与王寿彭交往密切。

第三，王骧篆刻、民国二十三年钤印本《晓林书屋印集》中有民国二十二年二月定县王思箴"序"，又民国二十三年三月武强贺培新"序"中提到"曲阳王君越凡与吾友定州王寿彭先生善，寿彭时为余道君异人也。"贺培新为贺葆真侄子，于此可见武强贺氏与王寿彭关系非同一般。

❶ 《贺葆真日记》第133册，第224页。
❷ 《贺葆真日记》第133册，第324—325页。

再谈陈垣《元西域人华化考》油印本

《元西域人华化考》是史学大师陈垣老先生的代表性著作。除了现在的点校整理本外，较为常见的是民国二十三年刻本，其实在此之前还有油印本。《藏书报》2015年3月30日第四版刊登了四川肖伊绯的《陈垣稿本的发现》。该文对陈垣老先生《元西域人华化考》的发表及油印本的出版过程及其流传作了比较详细的分析与阐述。不过其中有两点存在商榷之处：

其一，油印本是否能称稿本。我们知道，一般稿本指作者的手稿或者有作者校改的钞本。这部油印本虽然是据作者的手稿油印的，而且在油印本《元西域人华化考》书签题名及卷端题名下都标有"稿本"字样，但是毕竟与我们一般所称的稿本还是不一样。所以，笔者以为这个版本还是不宜称为稿本，称油印本更为贴切。

第二，国内保存情况。文中谈到2008年陈智超先生从日本影印回来了这部油印本，"首次影印辑入该书（指《陈垣〈元西域人华化考〉创作历程：用稿本说话》），国内学者得以一睹真容。近日获悉，又有

元西域人華化考 稿本

陳　垣樾蓉撰

第一　緒論

一　西域範圍

西域之名漢已有之其範圍隨時代之地理知識及政治勢力西

與漢武以前大抵自玉門關陽關以西至今新疆省止為西域其

後西方知識漸增推而至蔥嶺以西撒馬兒干今俄領土耳其域

及印度之一部更進而至波斯大食小亞細亞及印度全部亦稱

西域元人著述中所謂西域其範圍極廣漢目唐兀畏吾兒歷

西北三藩所封地以遠於東歐皆屬焉質而言之西域人者色目

人也不曰色目而曰西域者以元時分所治為蒙古色目漢人南

元西域人華化考（油印本）

此书的两部稿本从海外回流，均为国内藏家购得。至此，国内也有此稿本原件，亦为学术界、藏书界幸事。"此说有待商榷。查北京大学图书馆的"学苑汲古"，以书名检索，可以确定，此油印本南开大学图书馆、南京大学图书馆、北京大学图书馆、中山大学图书馆（著录为据稿本影印本，当误）都有收藏，公共馆中，上海图书馆、浙江图书馆都有收藏，而诸如国家图书馆、上海图书馆、北京大学图书馆则有多达四部的收藏。因此，这部油印本《元西域人华化考》在国内不仅早有收藏，而且其数量还不少，范围也较广。

家谱提要

范钦家谱：四明范氏宗谱

［浙江宁波］四明范氏宗谱不分卷，明范大澈纂修，清范盈焘重订，清稿本，六册。书号：08851（善）。钤"四明张氏约园藏书之印"。

本谱不分卷，共有六册，第一册包括明洪武二十二年翰林院检讨周维翰序、墓图、行次、万历壬子范大澈《谱略》、世系图表，第二至五册世系序次（至十九世），第六册有旧谱序（从元至清乾隆）、始祖世传、凡例、世系图（至二十一世），末有清光绪十三年、二十一年范盈焘跋。

本谱为天一阁主人范钦的家谱。范钦（1506—1585），字尧卿，号东明，浙江鄞县（今宁波鄞州区）人。明嘉靖十一年（1532）进士，官至兵部右侍郎。所主持修建的天一阁为现存最早的私人藏书楼。范钦为四明范氏第十六世，第一册"世系图表"中有其小传"嘉靖壬辰进士，官至兵部右侍郎"，第三册"世系序次"则记有其详细传记，包括字号、生卒年、历任官职、婚姻及子嗣等内容。

四明范氏始祖为范宗尹，本湖北邓城人，南宋靖康之难后随驾至临安，官至尚书右仆射兼知枢密院

錄宰深鄉行四九株第三子舉年孫治乙丑十月十日娶王氏子

大泗

錫宰德鄉行五十瑤第四子生于孫治乙丑十二月初六日丑時卒
辛萬曆甲申娶張氏生于正德壬申十月初三日鄉將子四大洽

大德大淄大川

鋒宰藝鄉行五乙狀第三子娶陳氏絶

鋏宰堯鄉號東明行五五壁仲子生于正德丙寅九月十九日
庠生中言聘戈子折工郎式上

段湖黃連州

知州歷壁工部員外郎中泰州府知府江西按察司副使慶
西左參政江西廉使雲南右布政陝西河南五布政南贛迆
攝右副都御史北京兵部右侍郎卒于萬曆乙酉九月八日申
時贈春蔓從祀鄉賢祠娶袁氏生于正德丙寅正月初五日酉
時封宜人卒于萬曆乙亥四月十五日未時側室徐氏合窆三十二都
茅山子二大沖大潛徐出女四長適布政陸銓子監生洽次適傅
郎黃宗欽孫惟存三適家宰聞澗孫監事徙美李通署丞二
陸愷漸子庠生桓皆袁出

四明范氏宗谱

事。其子公麟入赘鄞县魏杞，遂居于此。

范氏修谱概况，范大澍《谱略》中提到："吾宗谱胡昉虖？昉于元御史公孚，孚再传而提领公存谊，及连江尹□□修之，嗣是唯掌于长老，率多讹舛。司马公钦与宁国尹镐始筹诸梓，晚岁又嘱先君踵其事，而谱几完矣。不意充蠹蠡之腹，今者儒学鎏主宗盟之长，与方岳公钫、司空汝梓议增修旧述，以大加厘正。"光绪十三年（1887）范盈秦跋云："吾范氏先世向有谱牒，然由前明至国朝历世久远，旧谱无存，光绪初年，先君念族之不可无谱也，始有重修之志，乃草创未半，旋即弃世，是卷共有四本，盖初稿也。"

此谱对范钦及其家族的世系、传记记载较为详细，可为研究宁波范氏家族源流的重要资料。

《中国家谱总目》著录，仅藏国家图书馆。

尚可喜家谱：三韩尚氏族谱

[辽宁]三韩尚氏族谱三卷，清康熙刻本，一册。书号：00933（善）。

本谱前有清顺治九年（1652）李棲凤序、凡例（十三条）。全书分为三卷：卷一恩纶录，载弘德元年至康熙十二年间朝廷颁给尚氏的封赠诏书等，以及尚氏源流图；卷二宗支总图；卷三宗支图。

此为清初平南王尚可喜家谱。尚可喜（1604—1676），字元吉，号震阳，辽东海州（今辽宁海城）人，初任明副将，天聪八年降清，讨伐朝鲜，镇压李自成等农民起义军，征服南方诸省，战功显赫，封为平南王，镇守广州。康熙十五年十月病卒，谥号敬。

据李序，尚氏最早出自晋中之洪洞，次迁至真定府衡水，再迁至三韩。本谱所记以尚可喜曾祖父尚生为一世，记至七世；内容以世系为主，且传记较为简略。宗支图中记载尚可喜有妻妾24位，生子33、女32。

据考，此谱纂修于康熙十四年，尚可喜尚在世。之后，康熙五十三年，乾隆十七年、五十六年，民国二十九年及1994年皆有续修。国图另藏乾隆五十六年纂修的《尚氏宗谱》六卷（书号：善00934），前载有康熙十四年尚可喜序。

　　《中国家谱总目》著录，国家图书馆、北京大学、辽宁省图书馆有藏，版本著录为清康熙十四年刻本。

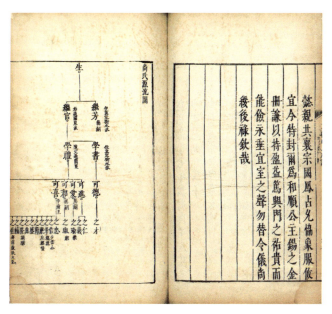

三韩尚氏族谱

于成龙家谱：于氏宗谱

　　［山西方山］于氏宗谱五卷，清于准纂修，清康熙刻本，一册。半叶十行，行十九字，白口，四周单边，单鱼尾。书号：02425（善）。

　　本谱前有康熙四十七年诰授光禄大夫总理粮储提督军务巡抚江宁等处地方都察院右副都御史于准序。全书分为五卷：卷一宗系前谱、后谱、墓图，卷二诰命、敕谕，卷三上谕、御赐碑文、祭文以及皇子赐文字，卷四墓表、墓志铭等，卷五族规、家训、命名分派。

　　本谱系清康熙时著名廉吏于成龙家谱。于成龙（1617—1684），字北冥，号于山，山西永宁州（今山西吕梁市方山县）人，明崇祯十二年贡士，顺治十三年以明经选授广西罗城县令，后历任合州知州、黄州知州、福建按察使、布政使、两江总督等职，卒于任，谥清献。于成龙为政清廉，政绩显著，被康熙皇帝称为"天下第一廉吏"。曾主持纂修《江宁府志》《江西通志》，后人辑录有《于清端公政书》八卷首编一卷外集一卷续集一卷、《于山奏牍》七卷等。

己彌域宜民澤物之有後社也
其兆域非特示于孫使克念前聞抑侯顯揚於末
足報而天爽施之者也由是觀之君信喜令矣表
于家者陰本延枝宣非天以報君而表病祿集
處允惟君官績存于所游之處有實可表而無
未十月十四君卒之日也州西孟家韻之陽其葬
適庠生安貞王甫韓璉餘未聘曾孫男三天順癸
十一疊國子監生瑄費江塘瑛琬琉璘玧孫女八

清端公傳　　　　　　　　　　陳廷敬
公諱成龍字北溟山西永寧州人先世仕明
有譚坦者弘治間官至大中丞者有聲績戴
在邑乘父時煌里中禪彘者明末盜起西疆
里中築壁以備戕遍公先隴形家言壁成不
利于氏公笑曰我里千家保爾獨我家不利
害少而利多壁當築矣壁成卒無害公生而
才智絕人有聲揚屋崇禎已卯中副車充貢
入　國朝仕為羅城令羅城奉桂林地故多
瘴癘中州人官此土者往往生還為幸又

也祠　立天妃宮側一立兩花臺畔迄今士
民過者猶蘇蘇閭湃焉公沒後贈太子太保
謚清端

皇清光祿大夫總督江南江西文武事務兵
部尚書兼都察院右副都御史贈太子太
保謚清端北溟于公墓誌銘
總制兩江大司馬北溟于公卒於官卒之日
金陵人為之巷哭相率炳香燈祭于寢日幾
千百人衙舍至不能容遠近聞之皆報市如
喪其親計聞朝
天子大震悼紿與恩卹有加公卒於三月孤廷翼
等將扶櫬歸里門卜葬於橫皂於其行也誌

于氏宗譜

于氏居永宁始于宋代，康熙修谱时仍保存有元、明家谱，然世系多有缺失。于成龙所居地来堡始迁祖为于素，素生子四：英、俊、变、恩；恩生子二：采、万；采生子四：时燃、时烛、时煌、时炜；时煌生子二：化龙、成龙；成龙生子三：廷翼、廷劢、廷元；廷翼生子一：准。

据于准序，清献公（于成龙）曾有志修谱，不过因上任两江总督，旋即病逝于任，此事便作罢；于准任浙江按察使时，奉家讳里居于家，"乃合旧谱、新谱，参用欧阳氏谱以五世、苏氏谱以六世之例，排续成书，溯宗系，兴亲睦也；纪祠墓，严祭祀也；载恩纶、载宸翰，所以励乎为臣；录传志、录族规、录家训，所以励乎为子……谱成于癸未之夏，迨丁亥余承乏江左，得见商丘宋氏家乘，编次既备，镂刻复精，乃仿其式重加排续，开雕于平江使院，逾时告竣。"

此谱不仅阐明了于成龙的家族世系，而且详细记载了历次皇帝赐予于成龙及其家族的文字、物品等，对于研究于成龙颇有帮助。另，书末附"命名选字"，选择二百字，注音释义，以便命名时参考，颇有特色。

《中国家谱总目》著录，国家图书馆和方山县方志办有藏，不过版本著录为清乾隆四十六年平江书院刻本。

祁寯家谱：高平祁氏先世遗迹及见录

　　［山西高平］高平祁氏先世遗迹及见录六卷附录一卷，祁耀曾纂辑，民国二十二年（1933）铅印本，一册。书号：JP1004。

　　本谱前有民国二十二年郭象升、郭宝清"序"，十三世孙祁耀曾"说略"。正文分为六卷：卷一世系，卷二谱序，卷三制诰，卷四传述，卷五碑志，卷六杂存。附录为呈请祁寯等人入祀乡贤祠文、保护祁寯墓碑呈文等。末有祁耀曾"跋"，并附有勘误表。

　　此谱为道光两广总督祁寯家谱。祁寯（1777—1844），字竹轩，一字寄庵，嘉庆元年进士，历任河南粮道、浙江按察使、贵州布政使、刑部右侍郎、广西巡抚、广东巡抚、两广总督等职，道光二十四年五月二十八日病逝于两广总督任上。

　　明季，祁公得自洪洞迁居高平县之孝义里，是为孝义里始迁祖。传至祁寯为第十世。此谱"世系"记载至第十五世。

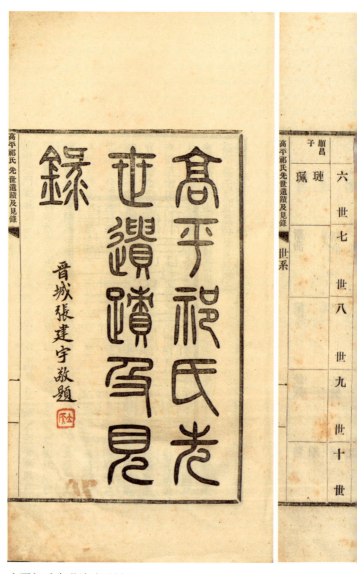

高平祁氏先世遗迹及见录

高平祁氏先世遺蹟及見錄卷一

世系

終

此谱对祁氏世系记载较为简略，但是收录了丰富的家传资料，特别是祁𡎴，有行述、御赐恩旨、碑文、祭文、列传、墓志铭等。

《中国家谱总目》未著录，另著录《山西高平祁氏族谱》不分卷，清稿本，南京图书馆藏。

姚东升家谱：秀水姚氏学山堂家谱

　　［浙江嘉兴］秀水姚氏学山堂家谱，清姚应能纂修，清道光十五年（1835）姚允升钞本，一册。书号：JP1780。

　　本谱前有清乾隆二十四年姚应龙"姚氏家谱叙"，全书不分卷，内容包括世系总图（一至十世）、一至五支世系、人物小传、家传等。姚叙后有"道光十五年乙未六月望后八日裔孙允升誊本"字样，说明本谱钞于道光十五年。另谱中内容间有增补咸丰、同治内容，后附姚星桓署"光绪十年"增补文字。

　　本谱为清代嘉兴学者姚东升家谱。该谱世系第八世载："东升字遇辰，号晓珊，俨长子，生于乾隆四十七年壬寅正月初二日辰时，没于道光十五年乙未二月初八日巳时，年五十四，郡庠生。道光十九年太守于尚龄载入府志。"《［光绪］嘉兴府志》卷五十三载有姚东升小传："姚东升号晓珊，世业儒，祖应龙郡庠生，品端学粹，著有《四书五经旁训》；父俨，诸生，著有《仪礼旁注》。东升补郡庠弟子员，孝友笃恭，资性颖异，读书过目成诵，著有《恒

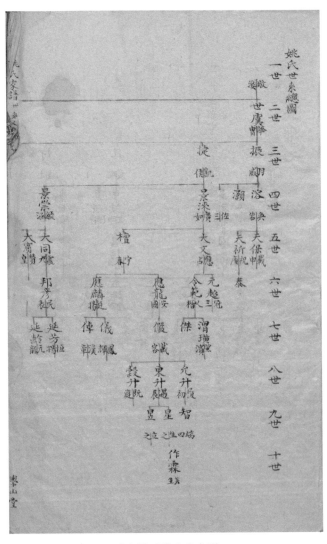

秀水姚氏学山堂家谱

象纪闻》等书，《惜阴居文稿》《吟稿》《日钞》等集，三十余年键户著书，寒暑不辍，儒林望重。旌德方维翰传记，嘉兴沈维𫓧为赞。道光十五年卒。"国家图书馆藏有姚东升所著书稿本数十种，蔚为大观，举起多者有《惜阴居丛著》十七卷、《佚书拾存》八十一种等等。

据谱系及小传所载，姚东升二世祖华胄公本姓李，为一世祖敬溪公外甥，"世居新塘桥之李家埭，自幼抚于舅氏，因承祧焉。"

《中国家谱总目》著录，仅国家图书馆有藏。

杜受田家谱：滨州杜氏家乘

　　［山东滨州］滨州杜氏家乘，清杜银汉等纂，清道光七年（1827）泽裕堂刻本，二册。半叶九行，行二十字，白口，四周双边，单鱼尾。书号：JP1288。书名页题杜氏世谱。

　　本谱前有明万历己酉八代孙诗"初修世谱序"，清康熙乙丑十代孙澳"重修世谱序"、康熙三十二年十代孙述先等"重修世谱小引"，康熙五十七年十一世孙宁人"三修世谱序"，乾隆四十七年十四世孙鸿图"四修世谱序"、四修世谱凡例、四修世谱与事诸名，嘉庆八年十二世孙协"五修世谱序"、五修世谱与事诸名，道光七年十四世孙堮"六修世谱序"、公田志文、六修世谱与事诸名，主要内容为世系，个别人物有小传或注明无嗣、出嗣字样，内容较为简略。书末有重修至六修家谱跋九篇、滨州杜氏居住庄名。

　　此为清咸丰皇帝的老师杜受田的家谱。杜受田（1788—1852），字锡之，号芝农，道光三年进士，历官工部、刑部、礼部尚书，协办大学士等职，卒后谥文正。其父杜堮字次厓，号石樵，嘉庆辛酉进士，曾任吏部侍郎。其子杜翰（1806—1866），字鸿举，

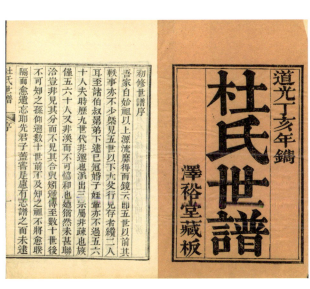

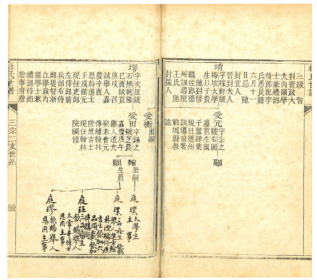

滨州杜氏家乘

号继园，道光二十四年进士，曾任湖北学政、工部侍郎等职，咸丰临终前委为八大顾命大臣之一。

据《世系》所载，杜氏始祖为雄飞，雄飞生榆，榆生锺、镛，镛生森、敖、景和，分别为长、二、三宗，长宗分四支，二宗分三支，三宗分五支。杜受田为三宗二支第十五世，见载于下册第三十三叶。

据杜墭序，"庚午辛未间，兄樗园需次家居，尝倡其议，会病卒未果。乙酉冬，余督学事竣，还过里门，叔蕙田谋于余曰，是不可以复缓。爰率族人分任其事，属稿寄京师示余"。十三世孙钟芳在"六修世谱跋"中提到该谱的纂修"始于丙戌之冬，成于丁亥巳月"。

本谱"杜受田"条仅记至其子，另有墨笔补充其孙辈及小传，十分难得。

《中国家谱总目》著录，仅国家图书馆有藏。

任熊家谱：萧山任氏家乘

　　［浙江萧山］萧山任氏家乘二十卷，清任丙炎纂，清同治十三年（1874）永思堂刻本，二十册。半叶九行，行二十一字，白口，四周双边，单鱼尾。书号：JP2051。

　　本谱前有同治十三年礼部右侍郎杜联"萧山任氏家乘序"，咸丰十一年武英殿纂修钟宝华"任氏家乘叙"，其后为明洪武甲寅御史中丞兼太子赞善刘基"任氏世系图序"、洪武丁巳绍兴知府王宗显"任氏世系图序"，永乐己丑国子监助教张经"任氏家世图谱序"，天顺三年南京礼部尚书魏骥"萧山任氏家乘序"，正统元年楼观"任氏家乘叙"，成化二十三年施英"任氏家乘序"，弘治七年南京湖广道监察御史何舜宾"任氏家乘叙"，嘉庆丙寅崇信知县吴斐"任氏家谱序"，任云蛟"任氏家载乞言引"，明正德己巳任鉴"重修家谱序"，顺治十四年任云蛟"族谱叙言"，康熙壬午任荣龄"康熙家谱序"，康熙四十六年任辰蛟"续修家谱序"，乾隆九年任可闻"三辑宗谱记"，咸丰十一年任亮寅"五修家乘纪略"，同治十三年任兰陔"六修家乘纪

萧山任氏家乘（一）

略"等。其次为凡例、世系图源流、像图。全书分为二十卷，卷一至三世系图，卷四至十四世系志，卷十五诰勅赠言，卷十六、十七赠言，卷十八至二十遗芳集。

此为晚清著名画家任熊的家谱。任熊（1823—1857），字湘浦，号渭长，工于绘事，所存著作有《于越先贤传》《列仙酒牌》《剑侠传》《高士传》等。与弟任薰、子任预以及任颐称为"海上四任"。任熊见载于卷十三第三十叶。

据世系，任氏绍兴始祖为任钥。钥生种，种生颢，颢生铨。铨为萧山一世祖。及至第四世时，分为万字二、三、四、五、六支。其中，万三支至六世时分为奇字十一房。任熊为奇六房第二十二世。

据序，任氏家谱创修于明初永乐时，成化再修，正德三修。入清，顺治始修，康熙壬午二修，康熙四十六年三修，乾隆九年四修，咸丰十一年五修，此同治十三年为六修。任兰陔言此谱纂修"三阅寒暑，今始藏事"。

卷十六、十七赠言中收录有许多著名人物的文章，如刘基、毛奇龄、汤金钊等；卷十八至二十遗芳集收录历代任氏先辈的诗文，其中卷二十收有任熊诗词，颇为难得。

《中国家谱总目》著录，国家图书馆、萧山图书馆（存卷二、六、九、十一、十三至十六、十八至二十）有藏，另美国哈佛大学、犹他家谱学会也有收藏。该书又著录清嘉庆十二年永思堂木活字本《萧山任氏家乘》十六卷。

萧山任氏家乘卷一三 奇六

子熊

行治三十八字湘浦又字渭长生道光癸未六
月十二日配刘馨女子二立城立塘卒咸丰丁
巳十月初八日年三十五
刘氏生道光甲午三月初四日卒同治癸亥五
月日年三十
事游历江左甬东笔法己入大家堂奥名噪一
时旋复博览群书留心雕著弹琴咏诗安贫自
适惜年未四十而终
旧谱曰公天资聪颖地光明戒童后即习绘

子薰

行治五十五字舜琴生道光乙未五月初八日
承友祖澜后配王氏
王氏生道光 月 日卒同治

子庆禧

行治五十九字
八日卒无考
生道光戊戌闰四月二十

萧山任氏家乘（二）

姚仁寿家谱：姚氏宗谱

〔浙江上虞〕姚氏宗谱不分卷，清姚仁寿纂修，清光绪三十年（1904）钞本，一册。书号：JP1789。

本谱不分卷，前有清光绪三十年姚仁寿朱笔自序，内容包括世系表、坟墓备查、文艺、小传、荐亡备查、亲戚坟墓备查等。

本谱是清末苏州弹词演员姚仁寿的家谱。据家谱记载，姚仁寿，"小琴公子，字琴孙，号寄庵，生于咸丰四年甲寅七月十五日辰时"，旁有墨笔题"殁于宣统二年八月二十日辰时，享年五十七岁"。另"艺文"中记载其著有《寄庵随笔》《寄庵诗钞》《嚚嚚杂记外集》《见闻实录》《寄庵医存》《姚氏眼科》《西厢记弹词》《荆钗记弹词》等十余种。据吴宗锡《评弹小辞典》❶记载，姚仁寿"自编自演长篇弹词《西厢记》，运用弹词特点，对原著颇多发展，时人有'独创《西厢》朱寄庵'之誉，为后世说唱该书目之滥觞"。

据姚仁寿自序，明末因避战乱，先祖姚清自安

---

❶ 上海辞书出版社2011年版，第177页。

徽迁至上虞，糊口为生，定居于此。咸丰末年战乱之后，家室为之一空。姚仁寿改名朱寄庵，"漂游湖海"。

据"世系表"后道光二十二年姚锡范"识语"："跋涉江关二十年，遄返里门，考详长幼，因复急钞此本"，光绪三十年，姚仁寿在此家谱的基础上，重新编纂、钞录。另据姚仁寿小传有墨笔补充其卒年可知，此钞本的内容在之后又有增补。

《中国家谱总目》著录，仅国家图书馆有藏。

姚氏宗谱

瞿鸿禨家谱：长沙瞿氏家乘

［湖南长沙］长沙瞿氏家乘十卷，瞿宣颖纂，民国二十三年（1934）长沙瞿氏铅印本，二册。书号：JP1913。

本谱前有瞿宣颖"长沙瞿氏家乘叙例"。全书分为十卷：卷一旧谱序录，卷二总述，卷三宗支录，卷四容像录，卷五碑撰录，卷六佚闻录，卷七祠墓录，卷八图咏录，卷九彝训录，卷十旧恩录。末附勘误表。

此为晚清重臣瞿鸿禨的家谱。瞿鸿禨（1850—1918），字子玖，号止盦，湖南善化（今长沙）人，同治十年进士，历任河南、浙江、四川、江苏学政，工部、外务部尚书，官至军机大臣。入民国后，寓居上海，卒后谥号文慎。著有《使豫日记》《使闽日记》《超览楼诗稿》等等。本谱卷三第十一至十二叶载有瞿鸿禨传记。子即瞿宣颖。

据总述，明洪武年间，神武卫百户伯福公迁至岳麓之西，九传至叔美公。叔美公生于明万历间，为县学生员，崇祯时迁居善化之西冲，是为西冲瞿氏之始迁祖。瞿鸿禨为此支第九世。

命允之十一月二十八日鑾輿安抵京師次日賞穿帶貂褂十二月充路礦會辦大

臣二十二日補授軍機大臣充經筵講官二十八年三月充祇謁東陵隨扈大臣七月

彙署都察院左都御史賞西苑門內坐二人肩輿坐爼雙水䍐十一月實在頤和

園宮門內坐二人肩輿二十九年正月京察奉旨交部議敘三月充祇謁西陵隨扈大

九世

鴻瑞
元櫰長子

臣會同戶部辦理財政三十年二月兼署吏部尚書四月以萬壽慶典賞給次子

宜治正一品廕生三十一年充中日議約全權大臣三十二年正月京察奉旨交部議

敘二十六日蒙恩以外務部尚書協辦大學士七月充總司核定官制大臣九月奉旨

諭此五月二十日抵家辛亥後移寓上海民國七年戊午三月十五日亥時卒特諡文

欽恭奉懇旨著仍爲軍機大臣三十三年五月初七日奉硃諭著開缺回籍以示薄懲

慎實陞羅經被賜祭葬誥授光祿大夫葬杭州西湖四圍竁隧石等舉永福寺下

之原元配善化吳氏商邱知縣諱元浩之女咸豐元年九月初二日午時生光緒三年

配翼穆馬氏河南按察使諱彤彤之女同治元年七月初六日未時生民國十九年庚

午五月十一日午時卒誥封一品夫人與文慎公合葬子六宜聰成官均出宜穰

六月二十七日已時卒葬長沙府門外楊衡塘姑慕左山誥封一品夫人晉贈一品夫人繼

宜芬殤宜治宜穎均傅出女一宜祥適善化唐植運卒歿陳宇賞戴黃元成歸姐字廔

江劉貢生均殤傅出

序名鴻璋鹽提舉銜江蘇候補通判署江寧南捕廳加四品頂戴賞戴花翎誥授中憲

原名鴻賫號伯泉道光三十年五月二十八日亥時生同治八年己巳科試縣學生員

長沙羅氏家乘　卷三

九世

鴻禧
元馨三子

五月十三日奉上諭簡放貴州安順府知府保舉道員在任候補三十二年奏署貴州兵備道

撫曹泰保器識閎深風裁峻整奉旨交軍機處存記三十一年經陝西巡

彙下游營務處捐獎三品銜保舉加二品銜歷次覃恩加七級卓異加一級三次議敍

加三級紀錄四次誥授資政大夫晉授榮祿大夫民國七年戊午六月十一日酉時卒

權靠南門外安嘉墻少廟春皆府君塋右首山配浙江分水張氏道光二十一年九月

初七日戌時生誥封夫人晉封一品夫人宣統元年十一月初八日巳時卒塟南門外

洞井舖東朱家衝側室李氏四川人同治六年七月二十五日寅時生民國

　　月日　時卒子六宜忠宜耀宜煒宜縉宜晉卓出女一適同邑

唐錦章一適同邑俞蕃馥張出一適湘陰李鉅三一適江蘇興德安一殤均李出

庚午科舉人十年辛未科進士改翰林院庶吉士十三年甲戌散館授職編修光緒元

年大考一等第二名升授翰林院侍講學士充日講起居注官是年充河南正考官二

字子玖號止盦道光三十年六月十五日時生同治五年丙寅科武府學生員九

月丁母憂七年起復到京十二月補原缺八年四月丁父憂十年起復到京十二月補

原缺十一年五月簡放浙江學政十四年任滿以家廟落成請假回籍拜疏五年正

京十六年充分敎鷹吉士十七年充福建正考官八月簡放四川學政二十年任滿請

假回籍省墓二十一年回京充分敎鷹吉士十二月轉補翰林院侍讀學士二十三年

二月升授詹事府詹事七月詔刋邦宁寺邪八月調改工蘇學政十月升受匀湖學士

長沙羅氏叢刋

长沙瞿氏旧有谱，然可考者，最早为清同治九年（1870）瞿宣颖祖父瞿元霖所修，其次为宣颖父瞿鸿禨续修于光绪十年和三十三年。本谱修于民国十九年（1930），由瞿宣颖独自承担。

本谱所载家谱资料十分丰富，特别是卷四容像录，收录家族成员的照片，十分难得。

《中国家谱总目》著录，国家图书馆等二十余家海内外机构有藏。

戚扬家谱：余姚戚氏宗谱

　　［浙江余姚］余姚戚氏宗谱十六卷首一卷末一卷，清戚维高修，清戚炳辉等撰，清光绪二十五年（1899）惇伦堂木活字本，十六册。书号：JP569。

　　本谱前有光绪二十四年兵部侍郎廖寿丰叙、光绪二十三年大理寺卿徐致祥序、光绪二十五年宗长戚维高续修谱序、光绪乙亥岁续修宗谱名次、嘉庆甲子岁续修宗谱名次，卷首为谱序、诰敕、祖像、墓图、仕宦录、科名录、节孝录、凡例、格言、祭祖文等等，卷末为补遗。正文分为十六卷：卷一宋明清历代祖先家传、遗书名目、世系图、祠产碑记等，卷二大房士支世系图、大房彬支世系图（上卷），卷三大房彬支世系图（中卷），卷四大房彬支世系图（下卷），卷五至六大房保支世系图，卷七大房学支世系图，卷八大房天支世系图，卷九至十二房世系图，卷十一三房世系图，卷十二至十四四房世系图、南房世系图，卷十五老三房世系图，卷十六螟蛉谱。据戚维高序，此次修谱，"夫是役也，始于光绪二十二年丙申五月，成于光绪二十五年己亥七月，于兹凡三易寒暑。"

　　本谱为民国江西省长戚扬家谱。戚扬父学仕，生

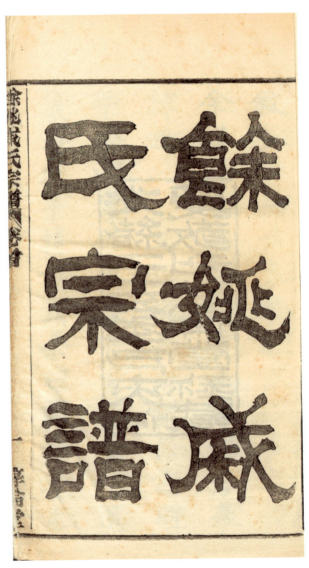

余姚戚氏宗谱（一）

子五，扬居其次，谱名继奏。戚扬（1857—1943），
字升准，晚号西塘老人，光绪十五年进士，历任安
溪、侯官知县、江苏松江府知府，入民国后官至江西
省省长。曾参与《绍兴县志》的纂修。戚扬记载于该
书卷六第五十一叶，系大房伟伦公下保支后，乃第
二十世。

据《亚卿公传》，余姚戚氏始祖为戚亚卿世居临
安，曾任督粮道、工部尚书职，宋末从海路押运粮
食，因遇飓风，人船殆亡，与弟漂泊至余姚湖地里，

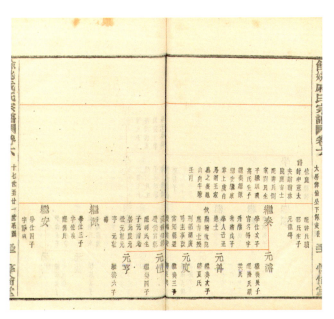

余姚戚氏宗谱（二）

遂定居于此。戚扬曾祖燿从湖地里迁居山阴白洋西塘下，寄籍绍兴。

本谱保存有宋淳祐四年左丞相郑清之、明景泰四年辰州府教授戚熙等早期谱序；另，家传中除了选自史书、县志外，还有不少出自名家之手，如钱仪吉、唐鉴、廖寿恒等；戚扬所在叶夹有一纸，详记戚扬的生平以及所自作挽联，观其称呼，当是其三子元贞所撰。遗书名目记族人著述，兼及闺秀，资料珍贵。蟆蛉谱记外姓改为戚姓者，颇为难得。

《中国家谱总目》著录，国家图书馆等七家机构有藏。

吴敬修家谱：固始吴氏秉义堂支谱

　　［河南固始］固始吴氏秉义堂支谱，吴华修等纂修，民国十八年（1929）京城印书局铅印本，一册。书号：JP995。本谱书签题名为陈宝琛所题，书名页题名出宝熙之手。

　　本谱前有民国十七年固始张庄吴氏族长吴云龙、十八年秉义堂房长吴勤修、同年吴敬修序三篇，十七年吴华修缘起一篇；支派图表；世系源流考。正文分为支谱上、下篇。末有十七年吴祖彝"书后"一篇，以及捐助印资列表。

　　此为吴敬修家谱。吴敬修（1864—1913），字念慈，号鞠农，光绪二十年进士，历任翰林院编修、国史馆总纂、广西学政、民政部右丞、法政学堂监督等职，民国后曾任肃政厅肃政使、平政院平事等职。其传记见载于本谱第十四至二十叶。吴敬修次女适清宗室宝熙之子。其父镜沆，同治庚午科顺天乡试举人，曾任内阁中书，江苏镇洋、元和、嘉定等地知县，太仓州知州等职，生子四，次子即为敬修，女一，适缪荃荪孙次子僧保。

　　据世系源流考，始祖文盛公元时为官驻守武昌，

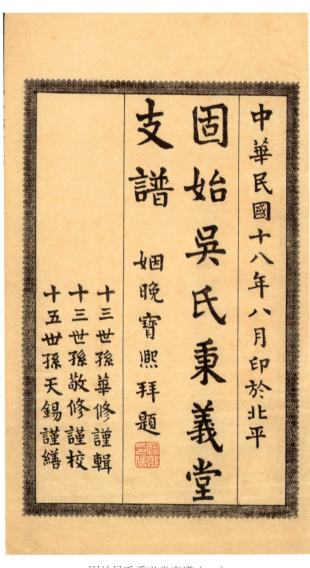

中華民國十八年八月印於北平

固始吳氏秉義堂支譜

姻晚寶熙拜題

十三世孫華修謹輯
十三世孫敬修謹校
十五世孫天錫謹繕

固始吳氏秉义堂支谱（一）

遂由江西瓦西壩迁河南商城金岗台，生子三，一留商城本籍，一迁回江西，一迁至固始张庄集。固始张庄始迁祖为巍公，明嘉靖乙酉科举人。

《中国家谱总目》著录，国家图书馆、北京大学、上海图书馆有藏。

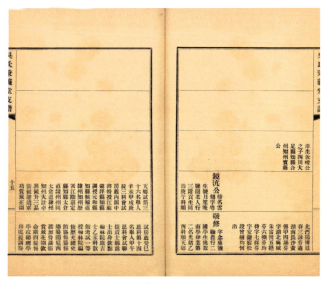

固始吴氏秉义堂支谱（二）

涂凤书家谱：云阳涂氏族谱

［重庆云阳］云阳涂氏族谱二十卷卷首一卷，涂凤书纂修，民国十九年（1930）铅印本，八册。书号：JP159。

本谱卷首为王树枏、黄维翰、张国淦、傅增湘、程德全序以及涂凤书自序、凡例、纂校职名，正文分为二十卷：卷一江西、蒲圻、云阳涂氏旧谱序跋，卷二受姓纪、迁地纪、晋以来旧谱世纪，卷三世派图、绵瓞图，卷四至十世表，卷十一家训志、族范志，卷十二祠祀志，卷十三茔墓志，卷十四宅居志、仕学志，卷十五褒封志，卷十六耆寿志，卷十七济族志，卷十八石城志，卷十九家传，卷二十丁口统计表、撰述姓氏录、后序、管谱规则。

此谱为涂凤书家谱。涂凤书（1875—1940），谱名起敦，号子厚，晚号石城山人，光绪二十九年（1903）举人，曾任内阁中书、黑龙江龙江府知府、黑龙江提学使司提学使。入民国，先后任黑龙江教育司司长、政务厅厅长，以及国务院秘书、参议、高等文官甄用委员会和高等文官惩戒委员会委员、国史编纂处处长等职。曾参与编纂《黑龙江志稿》《云阳县志》，著有《石城山

云阳涂氏族谱（一）

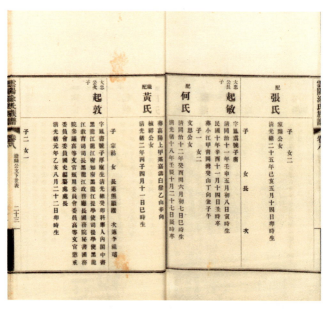

配
張氏

子 女二
　長 女
　　夫
清光緒二十五年己亥五月十四日卯時生

大忠公長子
起敏

子 女二
文思公女
清同治十二年癸酉閏六月初七日巳時生
子一 女二
葬小江甲青岡灣癸山丁向兼子午

配
何氏

字鳳霄娶子廟
清同治十一年壬申五月初八日寅時生
民國十年辛酉十一月十四日丑時卒
葬高陽上甲巫嘉濤白偉乙山辛向
清光緒十八年壬辰十月二十七日辰時卒

配繼
黃氏

大忠公次子
起敦

子 宗耖 女
　　　長熊顧樓
槐緯公女
清光緒二年丙子四月十一日巳時生
　　　次適李旭譜

字鳳書娶子厚處生清光緒癸卯科舉人內閣中書
黑龍江龍江府知府黑龍江提學使司提學使黑龍
江敎育司長黑龍江政務廳長國務院秘書國務
院參議高等文官瓶用委員會委員高等文官懲戒
委員會委員國史館纂修處處長
清光緒元年乙亥八月二十二日卯時生

子二 女一

云阳涂氏族谱（二）

人文集》《厚庵六十自述》等。

据涂凤书自序，明洪武三年，涂本任自江西南昌迁至湖北蒲圻，九传至涂宏亮，于乾隆二年携子开盛溯江入蜀，迁居云阳，繁衍后代。开盛生子三：懋龙、懋虎、懋麟。涂凤书为懋麟公支下，从本任一世起，至凤书为第十四世。涂凤书见载于卷八第二十三叶。

本谱卷二十有《云阳涂氏丁口统计表》，统计了自开至方九个字派的男女人口，颇有价值；《撰述姓氏录》记载了本谱所收录序、跋、家传等诸文的作者，其中著名的有段祺瑞、钱能训、周贞亮、冒广生、张作霖、阎锡山、孙雄、溥儒等。

本谱2013年又有续修。

《中国家谱总目》著录，国家图书馆等十余家机构有藏。

孔繁锦家谱：肥南孔氏支谱

　　［安徽合肥］肥南孔氏支谱十九卷卷首二卷，孔繁锦等纂修，民国五年（1916）忠恕堂木活字本，二十二册。书号：JP895。

　　本谱卷首分上下二卷，卷上包括谱序、不许入谱条例、行辈表字告示、总录六十户名目、姓谱、衍公世系图考、明太祖训谕六条、清圣祖训谕十六条、欧阳文忠公谱图说、名贤谱说、修谱凡例、家礼图、祠堂图、祭田契、坟图，卷下清诰命、家规、修谱名目、执谱名目。卷一询公支祖总世系、尚智公世系，卷二至三尚礼公世系，卷四至五尚彪公世系，卷六尚仁公世系，卷七尚海公世系，卷八尚应公世系，卷九至十尚樽公世系，卷十一至十二尚吉公世系（末附尚珍公世系），卷十三尚忠公世系，卷十四尚明公世系，卷十五尚雄公世系，卷十六至十九尚宗公世系。

　　本谱为孔繁锦家谱。孔繁锦（1876—1951），字华清，毕业于袁世凯所办北洋行营将弁学堂，曾任陇南镇守使等职，为民国时期甘肃著名的军阀。北洋军阀失败后，闲居在家，直至去世。孔繁锦生平见载于

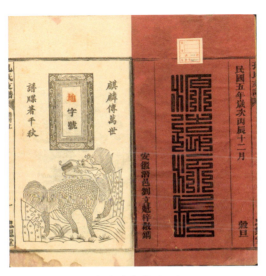

肥南孔氏支谱（一）

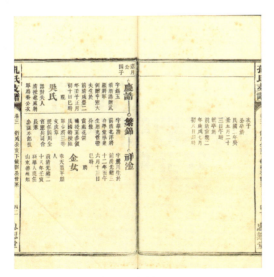

肥南孔氏支谱（二）

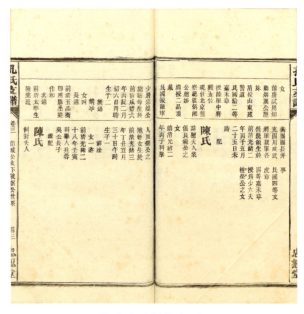

肥南孔氏支谱（三）

本谱卷三第四十二叶，"现任四川全省宪兵司令长兼参谋本部技术团团长"，娶陈氏、陈氏（另一）、富氏、文氏、刘氏、王氏，子一祥淦，聘山东德州知州金桂荣之女。

　　明洪武年间，第五十六世孔希文往句省亲，因战乱被阻，南游舒邑，爱此地之山水，遂定居于此。其第四子询迁居肥南学塘，是为合肥孔氏始迁祖。孔氏在清康熙时，因人口繁衍，划分为六十户。合肥孔氏出自其中的鲁贤户。

本谱对孔繁锦着墨不多，但是对其死于辛亥战乱的弟弟孔繁琴却颇多记载。另，按照家谱编排，此部为"地"字号，为孔繁锦所执。

《中国家谱总目》著录，仅国家图书馆有藏。

林光铨家谱：西河林氏宗谱

[福建]西河林氏宗谱，清林光铨校，清光绪三年（1877）林光铨古友轩新嘉坡石印本，一册。半叶十二行，行二十五字，白口，四周双边。书号：JP2711。书名据书签题，书名页题西河九龙族谱。

林氏出自殷商比干。周武王赐其子坚为林氏，食邑博陵郡（又称西河郡）。东晋时林禄为惠安太守，因家焉。后被尊为入闽始祖。本书主要内容分为三部分：一是谱序，涉及唐、宋、明、清诸朝人所撰序言；二是祖先像赞，从比干一直到天上圣母（后有天后圣迹封号）；三是世系表，从第一世坚公至三十九世四十二郎公（约明初人）。另前冠比干、林坚墓图等。此家谱主要记载了林氏的得姓始末、迁徙源流、历代名人、早期世系等内容，卷前的清咸丰二年林光辉、林湄序皆称为"林氏源流族谱"，当得其实。

此为新加坡最早华人印务馆古友轩的创办人林光铨的家谱。林光铨字衡南，福建人（序署"浯江后裔"，一作金门人），咸丰末年至新加坡，学习英人印刷之法，仅数月而尽得其艺。后创办古友轩印务公司，广泛承揽中外印务，在当时的新加坡颇有

西河林氏族谱（一）

西河林氏族谱（二）

名气。除了刊印此家谱外，还出版过《通夷新语》
（1883）、《阿都拉自传》（1880）等，并且创办过
《星报》（1890）。1898年左右林光铨去世，古友轩
不久转手给肇庆张氏，一直沿用至今。

　　《中国家谱总目》著录，仅国家图书馆有藏。

题跋整理

徐时栋

徐时栋（1814—1871），字定宇，号柳泉，浙江鄞县人。道光二十六年举人。一生潜心学术，著有《山中学诗记》五卷、《尚书逸汤誓考》六卷、《烟屿楼读书志》十六卷、《烟屿楼笔记》、《烟屿楼诗集》十八卷、《烟屿楼文集》四十卷等。喜好藏书，藏书处有烟屿楼、城西草堂、水北阁等。

《春秋左氏传续说》

《春秋左氏传续说》十二卷，二本，同治三年十月十七日城西草堂徐氏收藏，五年重装订。东莱先生此书，远胜《博议》。□行而此书久佚，可知习时文之多也。乾隆朝四库采自《永乐大典》，始传于世。然仅钞存七阁，未之刊行，故世终罕见之。此本亦必钞自文澜阁中，而卷首不录提要，何也？丧乱已来，藏书家既多被劫，三江敕建之阁亦复蹂躏无遗。此等古书传钞谅不多，又成秘册矣。吁！八年七月二十三日徐时栋记。

案：《春秋左氏传续说》十二卷，宋吕祖谦撰，清钞本，二册。书号：589。钤"柳泉""城西草

春秋左氏傳續説卷一

宋　　呂　祖　謙　撰

隐公

惠公元妃孟子孟子卒繼室以聲子生隐公元年
左氏繼室以聲子生隐公一段須便見得隐公當立
庶急古者諸侯繼室雖以適而不以長然元妃苟無
適嗣則庶長當立自先儒皆有是説此理甚明今惠
公元妃既無適子則繼室之子雖非適子却是庶長
左氏首載孟子卒即載繼室以聲子生隐公一句而

左氏傳續説　卷一　　　　　一

春秋左氏传续说（一）

春秋左氏傳續說十二卷二冊咸豐三年十月十吉城西草堂重

徐氏此書凡五年重裝訂東萊先生此書善勝博議、卷行

而此書久供可知習時文者之多也乾隆朝

四庫采自永樂大典姑傳于世僅僅鈔存

七閣書之刊行坊此經罕長之此本此鈔目

文瀾閣中兩卷首不錄搜羼何也裒乱己未萊本家既多

禊勅三江

勅建之閣後躁蹦無遺此等古書傳鈔諒不多乃成秘冊

吳邨八年七月二十三日徐時棟記

春秋左氏传续说（二）

堂""徐时栋祕笈印""柳泉书画""延古堂李氏珍藏"等印。

春秋左氏传续说（三）

乔松年

乔松年（1815—1875），字健侯，号鹤侪，山西徐沟人，道光十五年进士，官至东河河道总督，谥勤恪，著有《乔勤恪公全集》。

《酌中志略》

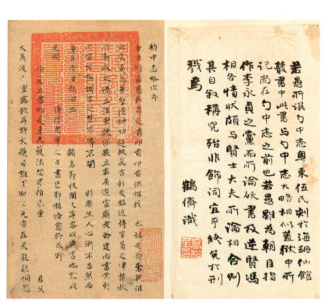

酌中志略（一）

若愚所撰《勺中志》，粤东伍氏刻于《海珊仙馆丛书》中。此书与《勺中志》大略相似，盖狱中所记，尚在《勺中志》之前也。若愚虽为朝臣指作李永贞之党，而所论妖书及逆贤冯相各情状，颇与贤士大夫所论相合。则其自叙称冤，殆非饰词，宜乎终免于刑戮焉。鹤侪识。

案：《酌中志略》二十三卷，明刘若愚撰，清钞本，三册。书号：4859。钤"乔松年印""学部图书之印"。

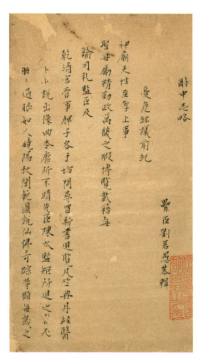

酌中志略（二）

王韬

王韬（1828—1897），字仲弢，号弢园、天南遁叟等，江苏长洲人。晚清著名学者，著有《普法战纪》《扶桑游记》等。

《竹素园诗钞》

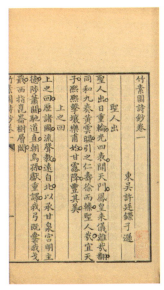

竹素园诗钞（一）

吾里诗人三百年来首推竹素，旷乎皮、陆之高风，于是乎可继。竹素之诗，□秀澹远，兼而有之，七绝丰韵悠然，尤近唐音，盖神似非类似也。兵燹之后，竹素诗传本绝少，此犹初印，殊可贵也。光绪癸未秋九月下澣，天南遁叟识，时年五十有六。

　　案：《竹素园诗钞》八卷，清许廷鑅撰，清乾隆间刻本，四册。书号：101096。许廷鑅（1680—？），字子逊，号竹素，江苏长洲人。

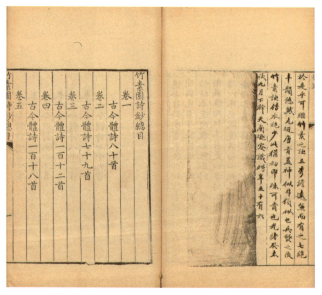

竹素园诗钞（二）

翁同龢

翁同龢（1830—1904），字叔平，号瓶笙、松禅等，江苏常熟人。咸丰六年进士，曾官户部尚书、总理各国事务衙门大臣等职。

《国语》

此钱□庵所赠，缺第三卷之半，四五卷则全佚矣。甲子十月，假温明叔年丈所藏刘海峰批点本，其前五卷缺。因临于此本上，亦残编之幸也。它日当影写以成完帙，搜访前五卷刘批足之。是岁八月，同龢记。丙申正月，影写完足。

黄笔海峰评。紫笔一圈一点者，姚惜抱所选也。

案：《国语》二十一卷札记一卷，春秋左丘明撰，三国吴韦昭注，清黄丕烈札记，清嘉庆五年吴门黄氏读未见书斋刻本，四册。书号：t4439。钤"翁同龢印"等印。

《唐宋八大家类选》

此二册余家旧有，龢从敝簏中捡得。红字不知何人所评。册首及册尾字乃外祖许秋涛公手迹也。题曰"古文汇选"，乃龢十九岁与屈小农茂曾同寓倩伊书之。庚申之难，屈君死之，其子宝生亦死。欲为作墓铭而未果。嘻！其悲已。同龢记。

同治八年九月朔，住东华门酒肆，蔫灯记此。何异黄鲁直对屠牛案作书也。

案：《唐宋八大家类选》十二卷，清储欣评，清刻本，二册。书号：107687。

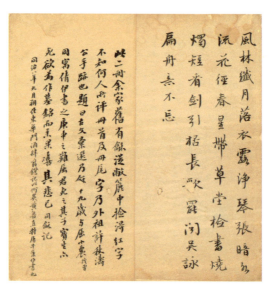

唐宋八大家类选

《唐贤三昧集》

板本馍饹，阅之增闷。评点出温明叔先生手，先生藏书极多。松禅记。（书衣）

温明叔丈，先公会试同榜，由翰林陟学士，有心疾，告归。咸丰起，病荐至户部侍郎。龢时得侍几杖，谆谆以古文义法及读书旨要相训励。其师友为姚惜抱、管异之、梅伯言诸先生，渊源宏远矣。同治中，谢事归金陵，子病孙不振。今不通消息，叮慨也。光绪乙未秋八月，同龢记。

案：《唐贤三昧集》三卷，清王士禛撰，清康熙刻乾隆重印本，一册。书号：87612。

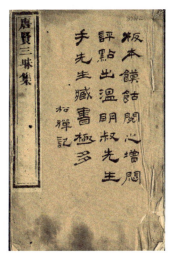

唐贤三昧集（一）

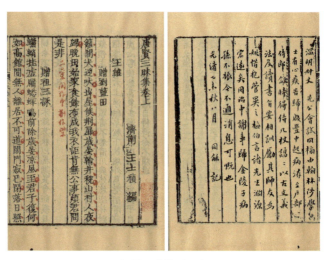

唐贤三昧集（二）

李文田

李文田（1834—1895），字仲约，号若农，广东顺德人，咸丰九年进士，官至礼部右侍郎。著有《元秘史注》《元史地名考》等。晚清著名藏书家，藏书室名泰华楼等。

《资治通鉴注》

光绪辛巳九月，文田从省会赴潮郡，访丁雨生抚部于揭阳，抚部赠以此书。书本鄱阳胡氏仿元刻本，同治中，抚部买其板补完之，其详见抚部序中。当胡氏刻成时，所印无几，海内藏书之家珍若球图。同治中，湘乡相国收复江南，入都陛觐，于厂肆见胡刻初印本，爱不释手，而书贾索值甚巨，相国□□□之。及回任两江，与幕僚言及，颇为太息。于时方议开江苏书局，抚部遂遣员入都，收此初印之本，重事剞劂，从五代翻刻，溯而上之。方成四十许卷，会有言胡板尚存鄱阳者。亟命人买之，而所阙之板适符所镌之数，亦可云运会之巧相值矣。独山莫子偲友芝在抚部幕中，劝抚部于刻成时，求明代旧墨，加以金薄，入以麝齐之香，如宋廖莹中世

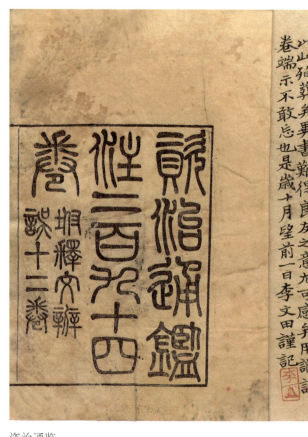

資治通鑑

光緒辛巳九月文曲從省赴潮郡訪丁雨生撫部於揭

陽撫部贈以此書書本都陽胡氏仿元刻本同治中撫

部買其板補完之其詳見撫部序中當胡氏刻成時

所印無幾海内藏書之家球若球圖同治中湘鄉相

國收復江南入都　　陞觀於廠肆見胡刻初印本愛

不釋手而書賈索直甚鉅□□□□之及回任兩

江與幕僚言及頗為太息□方謀屬江蘇書局撫

部遂遣員入都收此板初□□□重事剞劂從五代亂

剞瘝而上之方成四十許卷會有言胡板尚存鄱陽

者亟命人買之而所關之板適符所錄之數而可云運

會之巧相值兵獨山莫子偲友芝在撫部幕中勸撫

部於刻成時求明代蠲墨加以金薄入以麝齋之香

如宗廟瑩中世綠堂法印鈒本撫部以此事屬莫君

為之印成之日撫部與莫君各臥其一復以其二分致

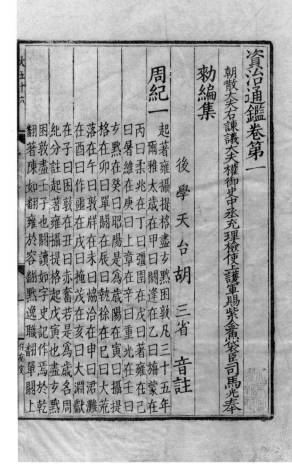

資治通鑑卷第一

朝散大夫右諫議大夫權御史中丞充理檢使上護軍賜紫金魚袋臣司馬光奉

勑編集

後學天台胡三省音註

周紀一　起著雍攝提格盡玄黓困敦凡三十五年

爾雅太歲在甲曰閼逢在乙曰旃蒙在丙曰柔兆在丁曰強圉在戊曰著雍在己曰屠維在庚曰上章在辛曰重光在壬曰玄黓在癸曰昭陽是歲名焉　太歲在寅曰攝提格在卯曰單閼在辰曰執徐在巳曰大荒落在午曰敦牂在未曰協洽在申曰涒灘在酉曰作噩在戌曰掩茂在亥曰大淵獻在子曰困敦在丑曰赤奮若是歲名焉　黓音亦格音隔史記翻單閼於乾翻困敦上都昆翻下都回翻著雍於容翻黓逸職翻單閼上

彩堂法印数本。抚部以此事属莫君为之。印成之日，抚部与莫君各取其一，复以其二分致湘乡、合肥两相国。湘乡展诵之际，复同在都之日，其谢抚部书有云"百年之后将以兹书殉葬"。盖湘乡一生精力，最熟于温公此书，其平定江左、学问源流于是乎在，况以此妙刻精印者乎？抚部以此外一本殷勤以赠文田，且以文田今岁方得子，且增颂祷之语云"他日愿君儿能读之"。文田珍重谢云"臣不恐以此殉葬矣"。异书难得，良友之意尤可感矣。用识诸卷端，示不敢忘也。是岁十月望前一日，李文田谨记。

案：《资治通鉴注》二百九十四卷《释文辨误》十二卷，宋司马光撰，元胡三省音注，清嘉庆二十一年鄱阳胡氏刻同治八年江苏书局重修本，存四册。书号：t4468。

《诗薮》

《诗薮》二十卷，明胡应麟撰。综核汉魏六朝，下至唐宋金元，其于明代流别，皆博采不遗。自钟嵘以降，真足揖让阮阅，驰骋胡仔。惟贬抑金元，故乾隆中录入提要存目也。然故是杰作耳。光绪甲午科试河间毕，收得之。仲约记。

案：《诗薮》二十卷，明胡应麟撰，明万历十八年刻本，三册。书号：111803。

刘钟英

刘钟英（1843—1918），字紫山，号芷衫，河北大城人。晚清著名诗人、学者，著有《战国策辨讹》《春秋左传辨讹》《三余漫草》《蜀游草》《芷衫诗话》《试帖举隅》等。

《剑南诗钞》

放翁诗有四种：忠义奋发、直接少陵者，上也；清新俊逸、追踪太白者，次也；有佳句而通首不称者，又其次也；流连光景、毫无真意、黄茅白苇、一望无际者，斯为下矣。芝田居士所钞者，皆黄茅白苇耳。不细读全集，不知余言之亲切有味也。《御选诗醇》甚精而太少，不能尽其所长。朱望子选本亦不见佳。阅竟搁笔为之三叹。芷衫氏识。

案：《剑南诗钞》，宋陆游撰，清杨大鹤选，清康熙二十四年刻本，六册。书号：96587。

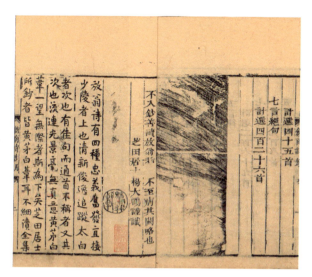

剑南诗钞（一）

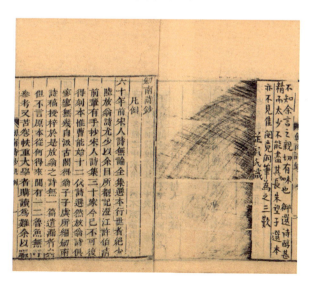

剑南诗钞（二）

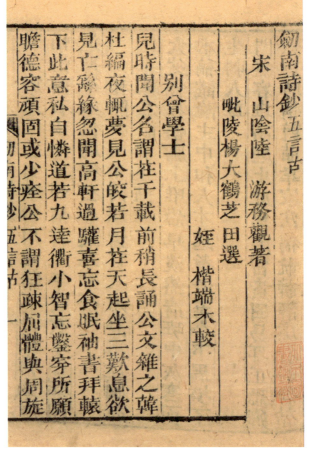

剑南诗钞（三）

樊增祥

樊增祥（1846—1931），字嘉父，号云门、樊山等，湖北恩施人，光绪三年进士，累官至江宁布政使，护理两江总督，入民国，曾任参政院参政。著有《樊山全集》。

《陶朱新录》

此书在宋人笔记中最为下乘。其祖马默自劾刘贡父外，别无事迹。但赢得贡父，既为马默，岂合驴鸣二语耳。记默二诗鄙拙可哂。祖孙皆陋人也。其记舒亶一条，他书罕见，犹为可采。丙辰中和节灯下樊山识，时年七十有一。

案：《陶朱新录》一卷，宋马纯撰，清嘉庆十三年昭文张海鹏刻《墨海金壶》本，一册。书号：41012:288。

此書在宋人筆記中亦為下乘其祖馬黙自勅

剝貢父外別無事蹟但贏得貢父既為馬黙堂

合驢鳴二語耳記黙二詩鄙拙可哂祖孫皆

陋人也其記舒亶一條他書罕見猶為可

採　丙辰中和節後一日槤山識時年七十有一

陶朱新录

瞿海金壺　子部

宋　馬純　撰

樸橄翁單父人也建炎初避地南渡既而宦游不偶以非

材棄遂僑寄陶朱山下蔡葵然自得雖不足以語

遯世無悶之道其山澤之癯乎因搜今昔見聞裒緝成帙

目曰陶朱新錄凡譏訕詩謾悉不錄焉紹興壬戌孟夏序

紹興間臨安府教授許叔徽字知可眞州人家世通醫常以

藥施人知可既獲納薦將試之夕夢人遺詩云藥餌陰功陳

樓間處殿上呼盧喝六作五英虞所謂已而預禮部奏名廷

試中第六名上名陳祖言下名樓材俄以文理優長升作第

五果符所夢唱名曰毀上傳呼謂之廬傳故云呼盧借寫廬

吴广霈

吴广霈（1855—1919），字瀚寿，号剑叟等，安徽泾县人，著有《剑华堂续罪言》《南行日记》《救时要策万言诗》《天下大势通论》《石鼓文考证》等。

《玄钞类摘》

壬寅季秋，以金币半元购于日本桥松山堂，剑记（时日本亟革封建，废汉文，崇西学，故旧书可以贱值得之）。

此徐文长所辑历代书家论诀，而殿之以《过庭书谱》者也。其书南北收藏家书目所罕见，想其散佚久矣。日本人士乃不秘为枕中鸿宝，刊以行世，可谓大雅不群。余曩随节扶桑，于彼都西京大阪书市中获睹斯册，急购归储箧。今老矣，书理虽通，笔力不随，宁能入古人之室。爰取此本景钞付诸石印以传，亦□是日士公诸同志之意云尔。丙辰冬十一月朔，剑叟吴广霈记。

案：《玄钞类斋》六卷，明徐谓纂辑，明陈汝元补注，日本宝历五年刻本，一册。书号：61417。钤"剑华藏书印章""剑华鉴赏""吴广霈印"等印。

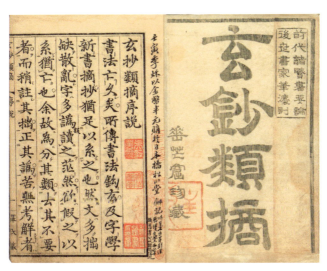

玄钞类摘（一）

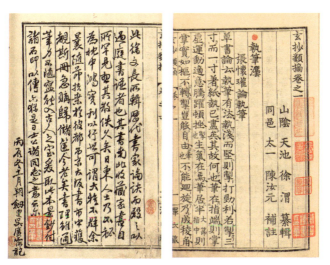

玄钞类摘（二）

《古诗选》

此编系钞自孙渊如《古诗选》原本,友人盱眙王伯恭名仪郑者持以为赠。后经残损重装,尾跋详其颠末,仍略记于卷首。古安吴剑华道人手识。

书共六厚册。首太白一册;次牧之、少陵一册;次孟襄阳、柳柳州、高适、岑参、李颀、玉筍、卢仝一册;次昌黎一册;次东坡、义山、飞卿、王建一册;次香山、微之、长吉一册。诸家年次错置,唐宋时代亦未分晰,大都手录底本,未经编定者尔。诗选精洁,旧钞足弥,原不必硁硁吹求其他也。剑又记。

光绪初元,携此帙客津门,寄寓友人南徐马眉叔处。眉妹见此钞极赏之,令小胥照录一册。一手不足,遂拆卷分钞,致为水浼墨污,朱圈亦多浸晕,良可怅恨。安得善书小史更为我精钞一本耶?丁未冬腊,剑叟重校一过手记。

此书为孙渊如先生选录本,曾藏虞山张蓉镜家。不知几时出归盱眙王家。王伯恭孝廉因余长于古诗,举是编为赠。余得之,视若拱璧。每舟车远役,即汗漫游海外随轺轩,历数十国,踦跂十余万里。西至身毒,穷昆仑。东渡墨海,逾安达斯山,几至南冰洋。此编未尝不以之自随,其好之者斯已笃矣。首册太白诗一误于马眉叔之借钞,书人草率,泼墨浼污;再误于傅君下榻余书斋,随手观览,置空篾中,余遍觅不得,以为有怀挟以去者矣。讵意久，乃获之于敝箧中，则为屋漏所蚀，残阙不堪矣。不禁懊恨终日，急重付装订，以不忘旧好云尔。丙申春百花生日，剑华道人偶识。

　　案：《古诗选》，清孙星衍辑，清钞本，六册。书号：91974。钤"王孙""虞山张氏""剑华道人"等印。

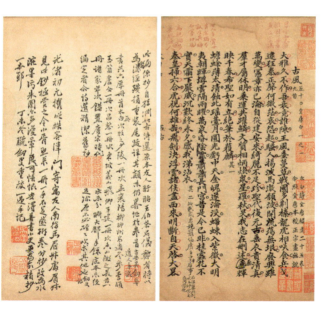

古诗选

文廷式

文廷式（1856—1904），字道希，号芸阁、纯常子，江西萍乡人，光绪十六年进士，授编修，曾任翰林院侍读学士兼日讲起居注官。支持变法维新，戊戌变法后曾出走日本。晚清著名学者、词人，著有《纯常子枝语》《云起轩词钞》等数十种。

《续资治通鉴》

闻之此书成时，秋帆尚书乞先少詹事竹汀先生作序，辞不肯作，未喻其故。庚辰、辛巳间，曾检一过，见其摭集讹误甚多，惟于金人事尚首尾备具。于南宋事则多所荒略。元纪尤粗疏。核其史裁，殆未能出薛应旂、徐乾学之上。官詹不允作序，殆以此耳。良史风微，兰台有继。安得贤者理而董之，如其写官乏材，宝书未具，敢同谒者广采遗编，裨学海之微尘，增慧光之宏照。实有微愿，庶无讥焉。己丑仲秋月，纯常子书于美意延年之室。

案：《续资治通鉴》二百二十卷，清毕沅撰，清乾隆至嘉庆镇洋毕氏刻嘉庆六年桐乡冯集梧补刻同治八年江苏书局重修本，六十册。书号：70753。钤"美意延年"印。

续资治通鉴（一）

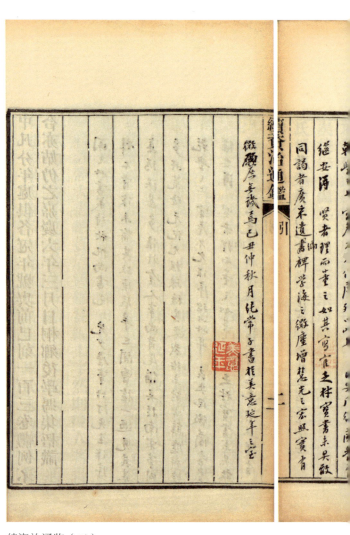

续资治通鉴（二）

竹汀詹事逐加校閱然刻未及半僅百三卷止集梧子
去歲買得原稿全部及不全板片楘其未底于成遄爲
補刻百十七卷而二百二十卷之書居然完好緣係畢
氏定本故稍爲整理不復再加攷訂其繙譯人地官名
亦依原書遵四庫館書通行條例改定攷司馬氏資治
通鑑係神宗賜名李燾亦云臣此書詎可便謂續資治
通鑑姑謂續資治通鑑長編可也故孝宗于燾奉後謂
朕嘗許燾大書續資治通鑑長編七字然則後人著書
似祇可云資治通鑑後編或續編而不當云續資治通
鑑也第畢氏原名如是宜從其舊編又畢氏未刻稿本卷

中凡分年處俱各冠年號與前巳刻一百三卷體例不
合亦姑仍之嘉慶六年三月日桐鄉後學馮集梧識

李葆恂

李葆恂（1859—1919），原名珣，字宝卿，号文石，辛亥后改名理，字寒石，号免翁，奉天义州人。其父为曾任闽浙总督的李鹤年，其子为李放。

《定山堂诗集》

李宝卿得于历下。

此光绪三年丁丑所题，余时年十九，名珣，号宝卿。其后三年，乃易今名，号文石，则名珣时之字也。是年夏，余自京赴济南省余姊，寓姊夫钮润生学使署中。游夫容街，得此集，今三十七年矣。犬马之齿已五十有六，可慨也！甲寅四月，葆恂识。

案：《定山堂诗集》四十三卷《诗余》四卷，清龚鼎孳撰，清康熙刻本，十六册。书号：t2636。

定山堂詩集（一）

目錄一　李寶卿得於歷下

此先緒三年下□兩題余時年十九名珣號寶卿其後

三年召易名為文石則名珣時之字也是年夏余

自京趨河南省余娣寫娣夫鈕潤生學使署中越

大客衔得此集合三十七年余犬鳥之嵗己五十有六矣□□

定山堂詩集　甲寅四月　萑愉誌

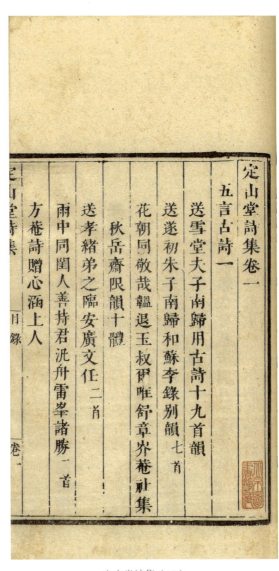

定山堂詩集

定山堂诗集（二）

吕景端

吕景端（1859—1930），字幼舲，号蛰盦，江苏阳湖人，光绪八年举人，曾官内阁中书，长期任职盛宣怀幕府。

《花果草木谱》

明人有《木谱》《花谱》《果谱》《蔬谱》之作，不知为何人所纂，病中未遑检考也。此《果谱》残本五十叶，疑是明末清初旧钞。其例先以诗词，继以散句，汇考别录，采择颇精，然亦参差不一，讹字滋多，卷首冒辟疆一叙庸滥已甚。"国粹""社会"等字样尤非明末文字所有，其为赝鼎无疑，读者分别观之可耳。癸亥孟秋上浣，武进吕景端蛰厂记，时久病未愈。

案：《花果草木谱》，明佚名辑，清钞本，七册。书号：t2604。书衣另有朱笔题记一则：

日寇侵沪正炽，予得此残本于传薪书店。书端有冒跋，假名也，在卷首武昌吕景端先生早经指出。惟钞本颇旧，予断定其为如皋流出。今夏沙健老三令郎因江北不靖，将烬余之残籍运沪。予遇之于汉学书店，检视存目，

明人有木譜花譜果譜蔬譜之作不知為
何人所纂病中未遽檢致以此果譜殘本五
十葉頗是明末清初舊鈔其例先以詩詞繼以
散句彙考別錄採擇頗精於六朝筆不一謬字
漪多亮首冒辟疆一斂庵澀已甚國粹社會
尊言樣书非明末文字而有其為贗易去題識
者今別觀之可耳

癸亥孟秋上浣武進呂景端瑞榴軒記时久病未金

花果草木藥譜（一）

内有《药谱》《木谱》等钞本六册，详细检阅，则此六册与予所藏字迹与栏格完相同，承沙君即以相赠，合予所藏为七册。惜首尾无从稽考，仍为残籍。但此书予首得一残册，十年后再得六册，不得不谓之奇缘也。惟细读内容，完全钞之于《群芳谱》，字迹工正，且加朱圈，一阅醒目，且有此一断离合奇缘，当珍藏之，但不足外人道也。卅七、七、四，暑中随意写之。

　　此书为西谛藏书，观题记笔迹，疑即出郑先生之手。

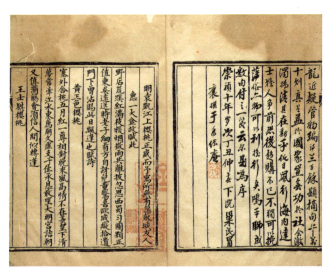

花果草木药谱（二）

甘鹏云

甘鹏云（1861—1940），字药樵，号潜庐，湖北潜江人，光绪二十九年进士，曾任工部主事，民国后曾任财政部金事、山西烟草专卖局局长等职。著名藏书家，有《崇雅堂书录》。

《拙稿千百》

收得元椠本《拙稿千百》二卷，高丽崔彦明撰。均散文，文体颇近六一、南丰，盖东国能文之士也。文集题曰千百，名殊怪。中有《东人之文序》，称搜出东人文集，起新罗崔孤云，迄忠烈王时，凡名家诗若干首，题曰五七，文若干首，题曰千百，骈文若干首，题曰四六，乃知题文曰千百意盖如此。窃谓以五七题诗、以四六题骈文尚有意义可寻，以千百题散文殊无意义可寻也。其中金石文字颇有足补史氏之阙者，惜无人搜访耳。此书每半页九行，行十九字、二十字不等，版刻至古雅，卷末有校勘人衔名五行，刻于元至正十四年甲午，距今殆将六百年，亦古刻之可宝者。戊寅秋七月潜庐老人题，时年七十有七。

案：《拙稿千百》二卷，朝鲜崔彦明撰，日本昭和五年东京育德财团影印本，二册。书号：104633。钤"药樵""潜江甘鹏云药樵收藏书籍章"等印。此书为《尊经阁丛刊》之一，据前田侯爵家藏元至正十四年（1354）刻本影印。甘鹏云题记中未言明。

拙稿千百

王仁俊

王仁俊（1866—1913），字杆郑，号籀许，江苏吴县人，光绪十六年进士，曾官宜昌知府，任教于苏州存古学堂、京师大学堂。

《杜工部集》

光绪己亥七月廿七日购求于琉璃厂。挑灯夜读，滴露研朱，快若神仙。至旅食京华，春今欲东入海，吟歌再三，若有所会。时寓延寿寺街邑馆，将赴日本横滨，他年可以纪事也。吴县王仁俊写记。

同学刘少楠，诗人也，见此刻叹赏不置，许贻五色胶助校读之兴，亦一段文字因缘也。越日并书，同观者严君孟繁也。

案：《杜工部集》二十卷卷首一卷，唐杜甫撰，清乾隆五十年玉勾草堂刻本，十二册。书号：103996。吴梅旧藏。

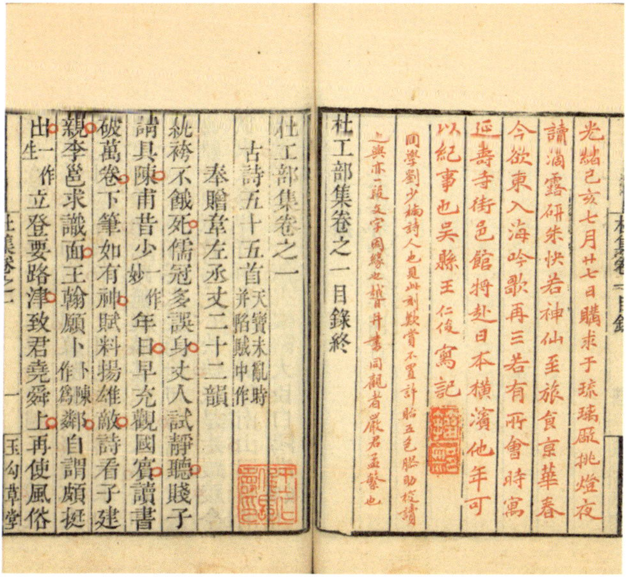

杜工部集

右起第一葉（右側）：

光緒己亥七月廿七日購東于琉璃廠挑燈夜
讀滿露研朱快若神仙至旅貪豪華春
今欲東入海吟歌再三若有所會時寫
延壽寺街色館將赴日本橫濱他年可
以紀事也吳縣王仁俊寫記

上虞羅氏叔藴文字國縣也見州刺敷貪不置計貽正色脱胎校讀
國學劉少樓詩人也見州刺敷貪不置

左側：

杜工部集卷之一目錄終

杜工部集卷之一 古詩五十五首 天寶末亂時竝陷賊中作

奉贈韋左丞丈二十二韻

紈袴不餓死儒冠多誤身丈人試靜聽賤子
請具陳甫昔少年日早充觀國賓讀書
破萬卷下筆如有神賦料揚雄敵詩看子建
親李邕求識面王翰願卜作鄰自謂頗挺
出 一作立 登要路津致君堯舜上再使風俗

玉勾草堂

周贞亮

周贞亮（1867—1933），字子幹，号止盦、退舟，湖北汉阳人，光绪三十年进士，日本法政大学毕业，曾任邮传部主事、龙江财政局会办等职，入民国后，曾任北京政府国务院法政局参事等职，后又在南开大学、辅仁大学、武汉大学等校任教。著有《边笳集》《退舟诗稿》，辑有《汉魏六朝诗三百首》《清代骈体文约》等。

《南山全集》

《南山集》旧得袖珍刻本十四卷，为桐城戴存庄先生所编辑，题曰《宋潜虚集》，以为南山被祸，书遭禁毁，刊集者特讳其名。后读萧敬孚所撰《戴忧庵先生事略》，乃知桐城乡人于南山本有此称。盖戴出于宋，非讳也。其书久置案头，不知何时为人携出。后复见大字活本，亦十四卷，后多纪事文四首，则讹脱百出，不及刻本远甚。此本近时所出，亦活印本。较大字本多文数首，喜多未见之篇，因勉留之。乃一展卷，则讹谬之多较大字本又加甚。因叹近时活版盛行，旧籍名编无不遭

文人兩早有故海內咸深惜之而其鄉人遂方搜輯遺編寶愛流
傳稍去已以此見之道之在人心而文人之不幸而以文得禍
者其精氣卒不可泯滅有如此以余得此集既喜其多文籍音
回憶舊藏刻本已不可得因假大字估本細加授切正其訛脫
居丝段觀中間有目無文者六首壁大字本抄出三首附列簡
末村較近時國兗社所印戴福夫集又得未見之文三首當并
補入庶幾此集庶可讀矣至問戴氏編此集時去文年餘
若而蕭氏作戴本外得文百餘首并計三十首今皆不知流落何所
海內好事者傥幷得之用以編成全集重刊以廣流傳豈非藝
林盛事郭吉以俟之氏國四年十月國慶日迂舟識

南山全集（周贞亮）（一）

其坏乱，真书妖也。南山文学中下，生平以古文自负，其实眼光识力不出时文当家，以视方、姚两家未能并驾。特其下笔超逸，雅有俊才。而得祸之奇，为古今文人所罕有，故海内咸深惜之。而其乡人遂为搜辑遗编，宝爱流传于无已，以此见公道之在人心。而文人之不幸而以文得祸者，其精气卒不可泯灭有如此也。余得此集，耽喜其多文数首。回忆旧藏刻本已不可得，因假大字活本细加校勘，正其讹脱，居然改观中间有目无文者六首，从大字本钞出三首，附列简末。特较近时国光社所印《戴褐夫集》又得未见之文三首，当并补入。庶几此集亦可读矣。然吾闻戴氏编此集时，删去文八十余首。而萧氏于戴本外得文百余首，并诗三十首，今皆不知流落何所。海内好事者倘未得之，用以编成全集，重刊以广流传，岂非艺林盛事耶？书以俟之。民国四年十月国庆日退舟识（护叶）。

近日，神州国光社印行旧籍十种，中有《戴褐夫集》。约文百篇，每篇皆注作文之年。终即尤云鹗所刊《南山集》原本。检校此本，入录者九十四首，别见补遗者四首。惟《庚辰会试墨卷》庚辰、《先世遗事记》己未不载此编，终为存庄先生所删。特记其目于此，以俟补钞，俾成完璧焉。退舟记（目录后）。

亮案，此谱不著撰人名氏，中有自述语，亦出自桐城人，殆即戴存庄先生所撰。以较别本，活字本中多脱失，体例亦不善。然有增出数语者，似出后人重

南山全集（周贞亮）（二）

订，非存庄先生原本矣。民国四年十月五日退舟识（年谱后）。

案：《南山全集》十四卷补遗三卷，清戴名世撰，民国三年秀野轩活字本，十册。书号：95043。钤"汉阳周氏书种楼藏籍"印。

《鹿洲集》

《鹿洲集》早岁得坊刻本曾读一过，弃置不存。民国二年春，从厂肆见此本，竟体补缀，字画精好，似为旧刻，用金五元收之。借得其七世孙谦光绪间覆刻本比较一过，精粗悬绝，乃知此为雍正间原刻本。书不足异，初刻难求。得自无心，殊为一快，宜宝藏之。退舟识于京师馆寓。

案：《鹿洲集》八卷，清蓝鼎元撰，清旷敏本评，清雍正十年刻本，二十册。书号：38964。

罗振常

罗振常（1875—1942），字子经，号邈叟，室名自怡悦斋，浙江上虞人，罗振玉堂弟，于上海设蟫隐庐，刊印珍贵典籍发售。编印有《邈园丛书》等。

《金小史》

《金小史》八卷，明杨循吉撰。循吉著书极多而刊布者少。此书当时曾与《辽小史》同刊，然传本罕见。此乃四明范氏天一阁藏书。范氏别有《大明钦定九朝之颂》一种，亦循吉撰，与此同是明时钞本。可见当时虽有刻本，而藏书家仍相传钞，非传本少不及此也。丙辰仲冬九日，上虞罗振常志于海上之蟫隐庐。

案：《金小史》八卷，明杨循吉撰，清钞本，四册。书号：4477。钤"朱士楷藏书章""振常印信""蟫隐庐秘籍印""寿祺经眼"等印。该书又有赵万里题记，指出罗振常题记之误："此书非天一阁钞，罗氏说误。万里记。"

金小史六卷明楊循吉撰循吉篤志探勣而
刊布甚少此書當時曾与遠公先同刊而未傳
本字見此乃四明范氏天一閣藏書范氏別
有大明領字九廟之頌一種亦循吉撰与此同
是惟此抄本可見當時種種有刻本而藏書
家仍存傳抄死傳抄本尤為乃此也范君仲弓
昔日上虞羅振常書诗于海上之蟫隱庵

此書非天一閣抄、羅氏说误、亮里记

金小史（一）

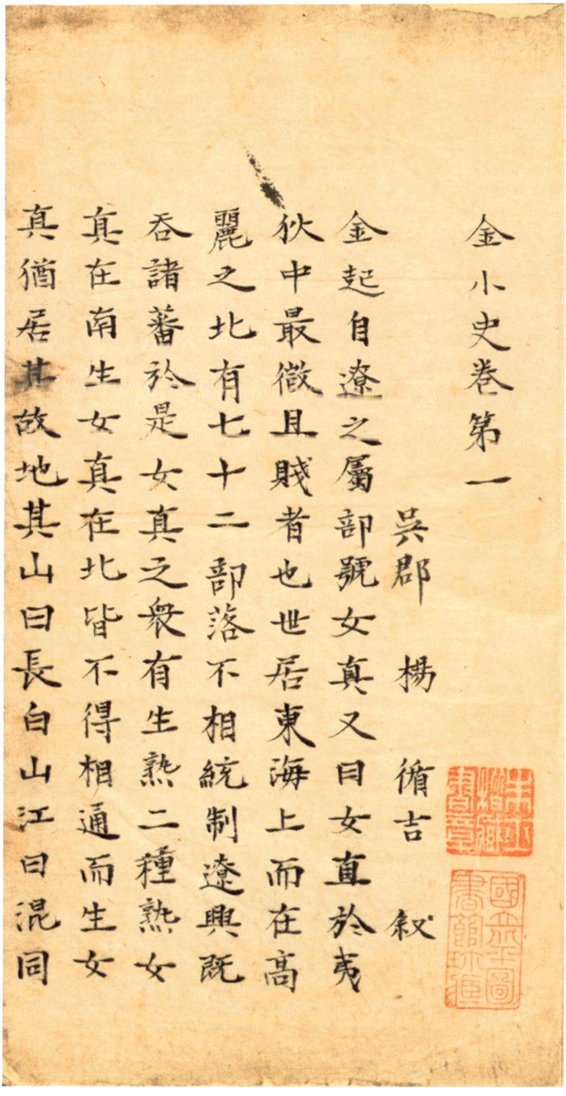

金小史卷第一

吳郡　楊循吉　敘

金起自遼之屬部號女真又曰女直於夷狄中最微且賤者也世居東海上而在高麗之北有七十二部落不相統制遼興既吞諸蕃於是女真之衆有生熟二種熟女真在南生女真在北皆不得相通而生女真猶居其故地其山曰長白山江曰混同

金小史（二）

王念曾

王念曾（1875—？），字啸缑，江苏宝应人。据《最近官绅履历汇录》[1]载：年四十六岁，附生，曾任内务部佥事。

《万宝诗山》

钞本《万宝诗山》三十八卷，乃宋书林三峰叶景达氏广勤堂刊行，搜集天水一代省监所试五言六韵诗，分类编录，词林之渊海也。宋本不可见，元明亦鲜有刊本，大都展转钞录。清《四库》未及著录，然《提要》于他书中有述及者，盖当时馆阁诸臣编纂既非成于一手，踳驳往漏在所不免，非独兹书，为沧海遗珠也。此本为嘉禾钱氏所藏，系退谷孙氏故物。纸墨渝散，尚是明钞无疑。惜佚去序文、目录及诗之首叶，访求不可得，殊为憾事。夫取士之制，代有不同，而诗则历唐迄清，殆阅千载，沿袭不改。读此集，虽不能按其姓氏而摩挲于蝉蠹间，榛苓之思，曷云能已。癸丑，啸缑王念曾识。

---

[1] 民国九年北京敷文社编辑，第10页。

案：《万宝诗山》三十八卷，宋叶景达辑，明钞本，十六册。书号：t3435。钤"王肇祥""嘉兴钱氏子密考定书画珍藏之章""北平孙氏""王念曾许之颖夫妇阅"等印。

万宝诗山（一）

太極運三辰乾混全衆乾乾向右旋就州分晝夜過處

現呈躔杲杲扶桑曙圑圑桂子娟參喜隨所布迢赤為圑妙

等無遺策周行自合玄至今千萬載彎卯日拳拳

太極丕三。太極無聲臭包亞天地人範圑終不淺囊括一

豈為真旣判二儀象先生萬物雲陰陽從自始賢聖自其仁一

氣誰知識三才世見壽靜中稽古典妙處莫敷陳

太極丕三。一体渾成衆何緣得肖形臭臭方定位援援

便生人浩氣為包裹洪鈞托化淳三才開物類六畫各鋪陳昔

以無為貴今於有上分建中仍建極從此浩無垠

易有太極。聖人書契始龍馬負圑初太極陰陽道洪鈞

造化爐機時頤順浩氣若虛無天地尊卑位山河高下居三

才分品類八卦定方隅從茲相傳萬載餘

梅枝一太極。欲辦先天象唯將一物詳未萌如渾沌始拆

即陰陽氣逐地中復功歸始上昌範範皆造化類頼有行藏有

用能調胹尹和時暨滿崖七般玄妙理熟訊是渾沌

万宝诗山（二）

莫伯骥

莫伯骥（1877—1958），字天一，广东东莞人。民国时期著名的藏书家，藏书室名五十万卷楼，著有《五十万卷楼藏书目录初编》三十二卷、《五十万卷楼群书跋文》等。

《累瓦编》

三编著录清《四库存目》中。此为初、二编，买之沪上受古书店，直五十圆，时二十一年秋九月也。馆臣于三编不满，故存目。然此初、二编亦瑕瑜互见，究之可采者不尠，唯其直则可骇矣。其时海上事初平，各书店每以目示其复业。伯骥。

案：《累瓦编》初编十卷二编十二卷，明吴安国撰，清道光十三年（1833）吴锡祺刻本，八册。书号：t4438。钤"慈溪耕余楼藏"等印，西谛藏书。此书除莫氏题记外，另有西谛题跋一则，见载于《西谛书跋》中。

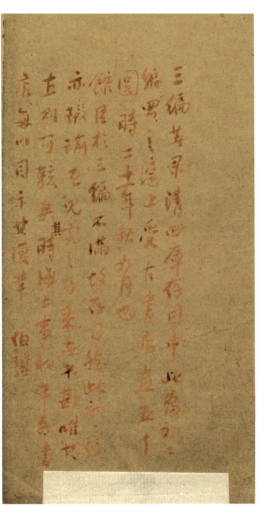

累瓦二编

在下也是先有地而後有天也說者皆謂天包乎地之
外日月星辰隨以旋轉而又有言日常在天未始出沒

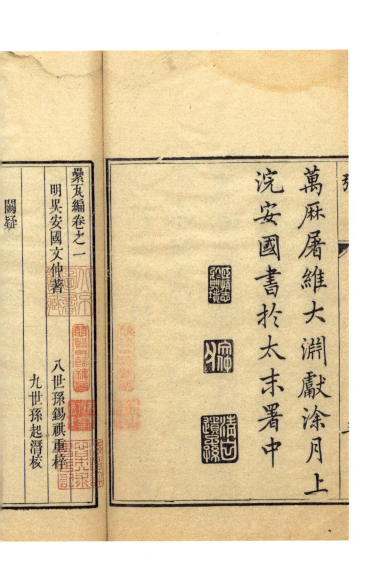

萬麻屠維大淵獻涂月上

浣安國書於太末署中

鼂瓦編卷之一

關疑

明吳安國文仲著

八世孫錫祺重梓

九世孫起潛校

伦明

伦明（1878—1944），字哲如，广东东莞人，民国时期著名学者、藏书家，曾任教于北京大学、北京师范大学、燕京大学、辅仁大学等；喜好藏书，以搜集续修四库全书文献为主，室名续书楼。著有《续修四库全书刍议》《渔洋山人著述考》等。伦氏卒后，其藏书大都入藏国家图书馆。伦氏不喜在其藏书上钤印，偶作题跋，多以正楷书之。

《山志》

是本系翻刊康熙本。据《序》，初、二集十二卷，此止十卷，合五册，每册二卷，以金、木、水、火、土为识，固不缺，当是刊成后以忌讳而删之也。余见别本《山志》，首二卷较是本乃无一字同，即钞补于后，以足原书十二卷之数，但未知所删者即此二卷否耳。康熙原刊本《山志》六卷，书面署"明善堂藏版"，取校是本，一字不异。

顷见一旧刻本《山志》六卷、《山志二集》六卷，各自为卷，以礼、乐、射、御、书、数为识，分六册。

山志卷之一

屏居山茨讀書之暇偶有所觸隨筆記之雅俗
並收洪纖無問久而成帙題曰山志蓋竊比容
齋南邨之義不賢識小則其無倫脊固也跊又
時時有翫物之懼焉山翁識

明善

予少攻舉子業時有酒色之失尋遭寇亂狂惰自
廢德業靡成年逾四十始知爲學見聖賢言語實
際要以明善爲宗致知者知此力行者行此盡性
者盡此踐形者踐此修已者非此無以修已治人

山志（一）

隨筆入載初元因畤繼加改增遂至失序又前

說未備復有討論所瞀詳明不厭重複

字畫承譌大失六書之義為學者咎古文奇字

又難遍俗今特參酌雖重攷古亦欲宜今不欲

如趙寒山所作令讀者茫眛也

是本係翻刊康熙本據序初二集十二卷此止十卷合五冊每冊二卷以金木水火
上為識固不缺當是刊成後以志譌而刊之也余見列卒山志首二卷數是本
乃無一字同即抄補於後以足原書十二卷之數但未知所刊者即此二卷
否耳　康熙原列卒山志六卷書面署明卷壹藏版取校是本一字不異

項見一寫刊本山志六卷各自為卷以禮樂射御書數為識分六冊取校
此本乃知所刊者乃二集之（二兩卷）也阮缺二卷遂不得不并為十卷矣十餘年前
疑至是釋然　前所補抄之□卷即原刊之三本也　　晳又記

山志（二）

取校此本，乃知所删者乃二集之一二卷也。既缺二卷，遂不得不并为十卷矣。十余年积疑，至是释然。前所补钞之二卷，即原删之二本也。哲又记。

此卷及下一卷原为《山志二集》之一二卷。乾隆刊本初亦有之，当以忌讳而删。然他翻本有不删者，当仍以此二卷冠之二集之前。是本之三、四、五、六卷，即七、八、九、十卷，递改之可也。

案：《山志》初集六卷二集四卷，清王弘撰撰，清乾隆刻本，五册。书号：7689。

《历代纪元部表》

江慎修先生，戴东原师也，所著书多刊入《贷园丛书》《守山阁丛书》《皇清经解》。此《纪元部表》独少传本，简便为自来言纪元书之冠。明识。

案：《历代纪元部表》二卷，清江永编，清乾隆二十年刻本，四册。书号：4356。

翁之润

翁之润（1879—1906），字泽芝，江苏常熟人。翁同龢的曾侄孙。官至部郎。著有《题襟集》。

《瓶水斋诗集》

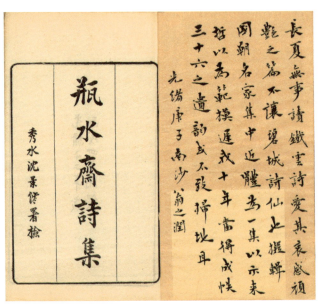

瓶水斋诗集（一）

长夏无事，读铁云诗，爱其哀感顽艳之篇，不让碧城诗仙也。拟辑国朝名家集中近体为一集，以示来哲，以为范模。迟我十年，当得成帙，三十六之遗韵或不致扫地耳。光绪庚子，南沙翁之润。

案：《瓶水斋诗集》十六卷，清舒位撰，清光绪十二年刻本，六册。书号：87611。

瓶水斋诗集（二）

朱希祖

朱希祖（1879—1944），字逖先，浙江海盐人，民国著名学者、藏书家，曾任教于北京大学、清华大学、辅仁大学、中央大学等。著有《明季史籍题跋》等。

《南山全集》

民国十二年四月四日得知服斋钞本《孑遗录》一册，上有题云"《孑遗录》一卷，述崇祯中桐城拒贼战守事，国朝宋潜虚撰"，下注云"即戴名世也"。前有休宁汪灏序、北平王源序及自序，其下即为《孑遗录》原文，无方正玉序。以此本对校，则此本方正玉《孑遗录》序即戴名世《孑遗录》原文也。钞本《孑遗录》末亦附《哭异记》一篇。海盐朱希祖记（卷十五前）。

案：《南山集》十六卷，清戴名世撰，清道光二十一年戴钧衡木活字本，十六册。书号：84454。

桐城戴潜虚田有著

史論

昔者聖人何為而作史乎夫史者所以紀政治典章因革損益之故與夫事之成敗得失人之邪正用以彰善癉惡而為法戒於萬世是故聖人之經綸天下而不患其或敝者惟有史以維之也史之所繫如此其重然而史之難作久作史之難其人抑又久矣今夫一家之中多不過數十人少或十餘人吾目見其人吾耳聞其言然而婦子之詬誶其釁之所由生或不得其情人主伯亞旅之勤惰或未悉其狀也推而至於一邑一國之大

南山集（一）

民國十二年四月四日得知服齋鈔本子遺錄一
冊上有題云子遺錄一卷述棠禎中桐城罹賦
戴守事國朝棠潛虛撰下汪云即戴名世也前
有休寧汪灝序北平王源序及自序其口下即為
子遺錄原文彙方正玉序以此本對校則卅本
方正玉云子遺錄序即戴名世子遺錄原文也鈔
本子遺錄末一冊附災異記一篇

　　　　　海鹽朱希祖記

南山集（二）

张原炜

张原炜（1880—1950），字于相，号葑里，浙江鄞县人，光绪二十八年举人，曾任教学堂，担任浙江省议员等。著有《葑里剩稿》四卷。

《石盂集》

石盂山人坦，雷峰中丞玉之子，长文先生礼约之父，三世皆以诗著。生长富贵之间，乃能嚼然不淳，以

石盂集（一）

著述自娱，嬰翩翩佳公子之选也。是集古多于律，五古尤多于七古。卷中若《汤汤者河》、若《吴之山》、若《采兰》《知我》诸什，作者意在上薄风骚，视唐宋以下蔑如也。明代作者率熹摹拟剽窃，以为高貌为肃穆，而中实枵然。渊雅如王、李诸公，犹不免此，它可知矣。予既从山人之裔仲甘世讲假得是集。仲甘谓得自族

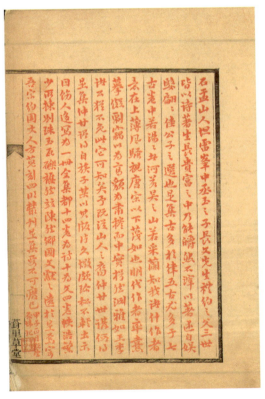

石盍集（二）

子某。以其版片久毁，颇珍秘，不轻出示。因饬人移写为一册。全集都十四卷，为诗十，为文四。卷帙浩繁，少所拣别；珠玉瓦砾，杂然并陈。然乡国文献之遗于是焉。□吾宗约园丈人方搜刻《四明丛刊》，是集要不可废已。甲子正月既望，原炜记。

案：《石盂集》十四卷，明汪坦撰，民国张原炜葑里草堂钞本，一册。书号：104797。钤"葑里草堂""张原炜印"等印。

杨昭俊

杨昭俊（1881—?），字潜庵，湖南湘潭人。生平不详，喜欢藏书，王謇《续补藏书纪事诗》称杨昭俊"收书重善本而不重珍本，每入书肆购一书，辄逐页翻检而后论价。书估厌之。书入其手，辄多批校。"著有《吕氏春秋补注》一卷等。

《礼经笺》

按湘绮师《礼经笺》，此为晚岁定本。此刻之前，尚有一本《笺语》，十九不同，且稍繁于此。卷端有目录，定本无之。兹为钞补，亦承学之士所当知者也。惟廿有一年岁次壬申正月廿三日，旧都寓舍瀼乐宦晓起记，湘人杨昭俊潜盦。

共和纪元之第三年岁在甲寅后五月，余初至京师。蒙湘绮师留居史馆，昕夕侍谈经学。一日言及师所笺之《礼经》，案头适有一部，遂举以见赐，藏之十八年。友人黎君劭西于琉璃厂中忽得师光绪壬辰手自校改之本，见示，其中笺义与校改者十九不同。而以此定本与校改本并读，又各十九不同。□墨辨阑，诠释浩博。隶

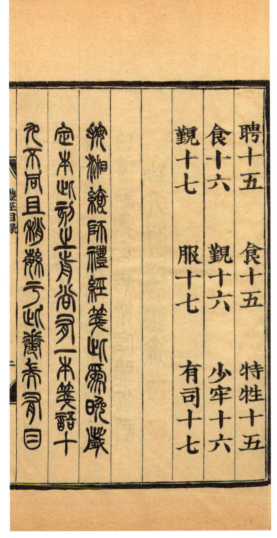

聘十五　　食十五　　特牲十五

食十六　　觀十六　　少牢十六

觀十七　　服十七　　有司十七

（略） 湘綺師禮經箋皿爾晚歲
定本此後此肴肴可此皿爵十
九此同且皿繠可此瓷肴肴目

礼经笺（一）

至定本则皆弃而不录。于以见前哲著书之难，不肯苟安如此。乃假钞其殊异之说，用资博闻。其句读亦依师所自点。然定本与校改本颇有出入，则从其晚年所定。费两月之力而成，谨记于此。壬申二月廿日杨昭俊潜盦。

案：《礼经笺》十七卷，汉郑玄注，清王闿运笺，清光绪二十二年东洲讲舍刻本，八册。书号：1377。

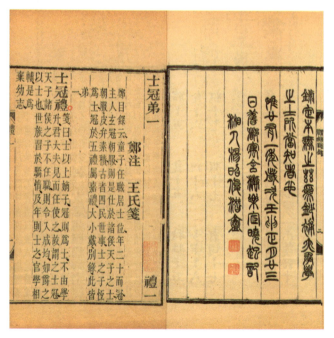

礼经笺（二）

礼经笺（三）

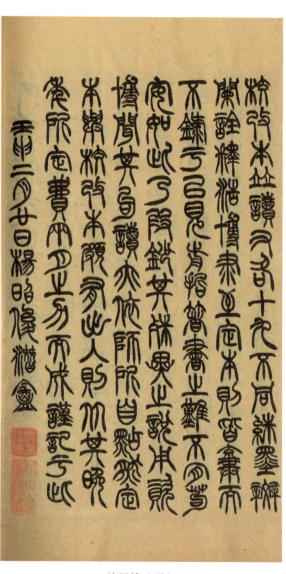

礼经笺（四）

忻宝华

忻宝华（约1882—？），字虞卿，浙江嘉兴人，生卒年及生平不详。

《说玲》

右语溪吴青坛先生《说铃》二十二册，余撮拾而成者也。中缺前集《奉使俄罗日记》一种，后集《训子语》《畜德录》《射法》三种，一时未能觅补，甚为憾事。然如《莼乡赘笔》世所罕见，而此独有。《觚剩》中《吴觚》诸本多缺，而此独完备，是皆可宝。近竟尚新学，古籍几弃如土苴，而余犹抱嗜痂之癖斤斤焉，日以网罗散失为事，能毋自笑耶？然结习所在，亦无可强加。因重加装订，并志其颠末如此。光绪庚子嘉平月，梅里忻宝华谨跋。

案：《说玲》三集五十九种，清刻本，二十二册。书号：8066。钤"嘉兴忻氏""延古堂李氏珍藏"等印。

右語溪吳青壇先生說鈴二十二冊余撮拾而成者也中缺
前集奉使俄羅日記一種後集訓子語畜德錄射法三種一
時未能覓補甚為憾事然如尊鄉贅筆世所罕見而此獨有
觚賸中吳觚諸本多缺而此獨完備是皆可寶近競尚新學
古籍幾棄如土苴而余猶抱嗜痴之癖斤斤焉日以網羅散
失為事能毋自笑耶然結習所在亦無可強因重加裝訂并
誌其顛末如此光緒庚子嘉平月梅里忻寶華謹跋

说铃（一）

冬夜箋訂

子不能飲酒冬夜篝燈翻閱卷籍日有課程藉慰老書生也每
當漏深兒輩侍坐間有談說兒或箋記之久而成帙人錄一冊
藏之姑為識其歲時康熙四年乙巳之冬月也都人王崇簡識

尹和靖嘗曰仁者公而已伊川云何謂也曰能好人能惡人

朱子曰無妄者然之誠不欺是著力去做底又云人常恭敬則
心常光明

程子曰聖人責己感多責人處少

楊龜山曰觀程正叔論婦人不再建人以俟年餓死若不是見識
道理分明如何能說達議話

或問朱子曰顏淵克己夫知之術答曰吾之所知者惠迪吉從

说铃（二）

周作人

周作人（1885—1967），号药堂，室名知堂，浙江绍兴人。江南水师学堂毕业，后留学日本，回国后曾任教于北京大学、燕京大学等，抗战时曾任伪华北政务委员会教育总署督办，新中国成立后主要从事翻译工作。著名作家，所著书主要收录在《周作人自编集》中。

周作人的藏书题记部分见载于其所作书话之中。近年来有不少文章作了拾遗补充，分别是：刘思源的《周作人的两则题记》（《鲁迅研究月刊》1998年第11期）、周伟文的《新见周作人题跋一则略述》（《鲁迅研究月刊》2007年第1期）、谢冬荣和石光明的《周作人藏书题记辑录》（《文献》2009年第4期）、杨靖的《周作人未刊藏书题记六则》（《文献》2014年第4期）、朱珊《新见周作人藏书题识三则述要——兼录周作人旧藏尺牍总集三种》（《图书馆理论与实践》2014年第12期）等。以下所录，虽然较为简短，但是之前未见揭示，故而略加整理，以供研究者参考。

《谭子雕虫》

　　民国廿八年夏至日改订书面，距原刻书时盖正二十年矣。知堂记。

　　案：《谭子雕虫》二卷，明谭贞默撰，民国八年嘉兴谭新嘉刻蓝印本，二册。书号：39247。此题记书写于函套上。

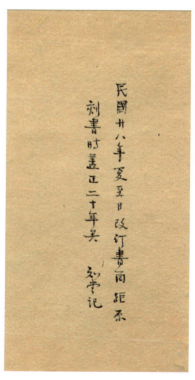

谭子雕虫（一）

橋李譚貞默掃庵著　　媚高佑鈗念祖原校

小蟲賦并傳　上十七段

禾人賦禾蟲夏曰賦夏蟲翹蝡纖猥不踰分寸睹記
所觸方隅未周也稱文斯小取義或大雕蟲之技笑
至此乎子雲自目方言辭賦曰雕蟲而伎之而小之
小乎方言辭賦將大乎太玄法言也懕嘻吾烏知夫太玄法言之非
將道乎太玄法言也伎乎方言辭賦
巢蚊睫而遊窪天耶其爲伎也抑又耻末矣雖然壯

譚子雕蟲（二）

《蒿庵闲话》

廿五年三月廿六日从朴学斋得此册，改订讫，阅一过记此。知堂。

案：《蒿庵闲话》二卷，清张尔岐撰，清嘉庆刻本，一册。书号：39781。

《山居闲谈》

民国廿一年九月从松筠阁买得，十月十九日改订毕并记。

案：《山居闲谈》五卷，清萧智汉纂辑，清萧秉信集注，清嘉庆刻本，五册。书号：110055。

《世说新语注钞》

此系三注钞之一种，民国二十二年五月从杭州得来。惜书估草率改订，末有误易处不能修正耳。五月三日，知堂。

案：《世说新语注钞》二卷，明钟惺选批，明赵端订正，明刻本，一册。书号：t3023。

《墨余书异》

书中内容还是运些物事，而文章颇佳，干净可喜，故读之亦遂觉欣然，可以消遣也。三十三年十二月十一日，知堂。

案：《墨余书异》八卷，清蒋知白撰，清嘉庆刻本，四册。书号：109789。

《秦淮艳品》

民国二十一年十一月得此书于上海书店，二十三日改订讫记。知堂。

案：《秦淮艳品》，清张曦照辑，清光绪元年小娜嬛仙馆刻本，一册。书号：109351。

《谈异》

据《复堂日记》所说，此书乃是陈六舟彝所撰。廿八年六月三日灯下，知堂记于北平。

案：《谈异》八卷，清伊园撰，清光绪十九年刻本，四册。书号：94179。

《宣南梦忆》

民国廿二年一月廿九日在厂甸书摊所得，灯下改订讫，读一过记此。知堂。

案：《宣南梦忆》二卷，甘溪瘦腰生（杨懋建）辑，清光绪刻本，一册。书号：96349。

《海上花天酒地传》

民国甲戌八月十八日在东京文求堂买得，价金五圆也。知堂。

癸未十月廿日改订，又记。

案：《海上花天酒地传》，梁溪潇湘馆侍者（邹弢）编，清光绪十年刻本，四册。书号：109708。

《芸窗琐记》

廿八年三月十九日启无所赠书之一，二十日改订讫记之。知堂。

案：《芸窗琐记》，富察敦崇辑，清末民初刻本，一册。书号：109941。

《小题才子文》

民国廿四年十月四日麦叔达君见赠，至廿四日改订讫记此，知堂。

案：《小题才子文》，清金人瑞编，清光绪十五年扫叶山房铅印本，六册。书号：96873。

《多岁堂古诗存》

廿八年二月一日得自隆福寺街三友堂，价二元八角也。

案：《多岁堂古诗存》八卷附一卷，清成书选评，清道光十一年刻本。书号：94234。

《东坡先生翰墨尺牍》

民国十九年十二月托董鲁庵君在保定以银五圆半买得。

案：《东坡先生翰墨尺牍》八卷，宋苏轼撰，清浦江孙氏刻本，四册。书号：94173。

《王梅先生会稽三赋》

书中"胤""弘""丘"皆不避讳，所云"庚子"当是康熙五十九年，即西历一六六〇也。知堂记。

按：《玉梅溪先生会稽三赋》四卷，宋王十朋撰，明南逄吉泩，清周炳曾增注，清康熙五十九年刻本，四册。书号：94693。此题记写于周炳曾序后，周氏在序中提到"庚子秋，余将出"。

《菀青集》

此萧山陈山堂集，有汤绍南印，三十年冬日得于北平。知堂记。

案：《菀青集》，清陈至言撰，清康熙刻本，一册。书号：t3112。

《晚学集》

桂氏遗书文八卷、诗四卷，分订三册，从厂甸宝铭堂以五元得来。廿八年三月六日，知堂记。

案：《晚学集》八卷《未谷诗集》四卷，清桂馥撰，清道光二十一年刻本，三册。书号：94727。此题记写于函套上。

《二树诗略》

三十一年三月从上海得来，惜只四卷，无第五卷，或是原缺也。二十日记，知堂。

案：《二树诗略》四卷，清童钰撰，清刻本，一册。书号：t4409。

《铁梅花馆怀古集》

庆博如著作二种，合订一册，张次溪君所赠。廿八年三月十九日亲订讫记，知堂。

案：《铁梅花馆怀古集》，清庆珍撰，清光绪刻《铁梅花馆丛书》本，一册。书号：110048。

《铁梅花馆北风集》

庆博如诗集从松风阁得来，重订讫记。廿七年十二月十七日，知堂在北平。

案：《铁梅花馆北风集》，清庆珍撰，清光绪刻《铁梅花馆丛书》本，一册。书号：109823。

《海上寻芳谱》

一九二四年十月八日得于市场。

案：《海上寻芳谱》二卷，清邹弢撰，清光绪十年刻本，一册。书号：109787。

《紫藤馆诗草》

廿八年三月十九日启无所赠，二十日知堂记。

案：《紫藤馆诗草》，清富察敦崇撰，民国铅印本，一册。书号：109824。

《香草笺》

三十年十二月三十日得于北京，距出版时已二十一年矣。知堂。

案：《香草笺》，清黄任撰，清宣统二年铅印本，一册。书号：95230。

《可园诗存》

《续存》"癸卯除夕诗"自称六十七翁，则此系丙午年所照，即一九零六年也。廿七年四月廿五日，知堂记。

案：《可园诗存》二卷《续存》一卷，清陈作霖撰，清末刻本，二册。书号：95233。"癸卯除夕诗"的全名是《癸卯除夕感述示濮青曳》，中有"六十七龄客，与今尚卖文"。该题记写于"雨曳七十岁小像"之前。

《窥园留草》

廿二年八月廿四日在佛西处见地山，以此书见赠。窥园者，即地山道人也。廿五日记，知堂。

案：《窥园留草》，许南英撰，民国二十二年铅印本，一册。书号：95015。另合订有《窥园词》《窥园先生自订年谱》。

《都门纪变三十首绝句》

廿八年三月十九日启无所赠书之一，二十日改订讫记之。知堂。

案：《都门纪变三十首绝句》，富察敦崇撰，清末刻本，一册。书号：109943。

《啸盦诗存》

夏君别号枝巢子，著有《旧京琐记》十卷，今《诗存》卷二中有《枝巢落成诗》一首。廿七年十月廿八日书于北平苦雨斋，知堂。

案：《啸盦诗存》六卷《啸盦词》四卷《啸盦词拾》一卷，夏仁虎撰，民国江宁夏氏刻本，四册。书号：94661。

《陶靖节纪事诗品》

民国廿四年二月七日，即乙亥四日，在厂甸得此。知堂记。

案：《陶靖节纪事诗品》四卷，清钟秀编，清同治刻本，二册。书号：110045。

《诗话新编》

此即《试律新话》也，不知何以改头换面而成此书。知堂。

案：《诗话新编》四卷，清倪鸿辑，清光绪十四年刻本，二册。书号：109869。

《荔墙词》

民国二十一年三月十七日亲订《荔墙词》讫，题记于北平苦雨斋。作人。

案：《荔墙词》，清汪曰桢撰，清同治二年刻本，一册。书号：94876。

胡适

胡适（1891—1962），字适之，安徽绩溪人。早年留学美国，曾任北京大学校长、台湾"中央研究院"院长等职。著有《中国哲学史大纲》等。

《李氏文集》

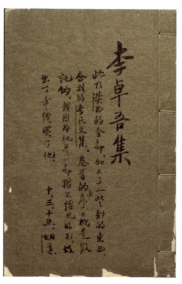

李氏文集（一）

此乃《焚书》的全部，加上了一些别的东西，合成的《李氏文集》。卷首的自序大概是假托的。我因为他是一部很不经见的书，故出了重价买了他。十、三、十五，胡适。

　　案：《李氏文集》十八卷，明李贽撰，明刻本，十册。书号：t1509。李椟旧藏。

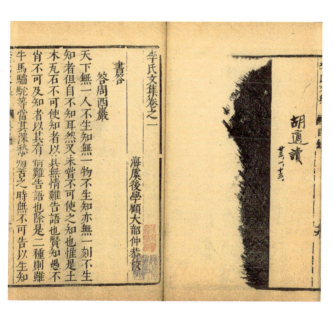

李氏文集（二）

郑振铎

郑振铎（1898—1958），号西谛，福建长乐人。早年就读北京铁路管理学校，后曾在燕京大学、暨南大学任教。新中国成立后，历任中国科学院考古研究所和文学研究所所长、文化部副部长等职。著有《文学大纲》《中国俗文学史》。郑氏藏书题跋多见于吴晓玲先生整理的《西谛书跋》中。笔者曾撰《西谛题跋拾遗》（《文津学志》第二辑）一文，略作补充。近日，笔者又从其藏书中辑得数则，再为补遗。

《问奇一览》

此书在北平曾见于杜颖陶许，久觅未得，一旦遇于石渠阁，价且甚廉，喜可知也。西谛，二六、四、四。

案：《问奇一览》二卷，清李书云辑，清乾隆刻本，二册。书号：XD6135。

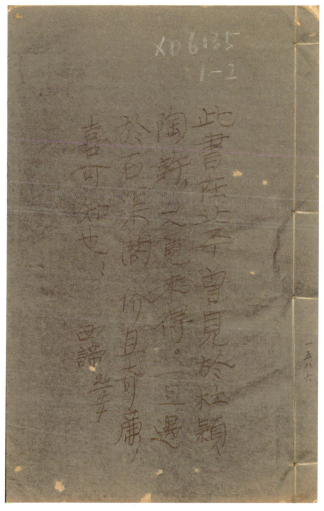

此書庄廷于曾見於杜穎陶許，天龍不得。一旦遇於百渠閣，价且奇廉，喜可知也。

田諝 2⁴/₄

问奇一览（一）

問奇一覽（二）

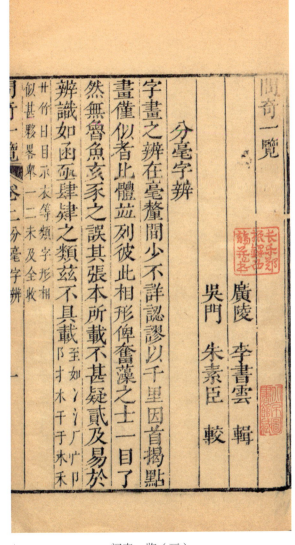

分毫字辨

廣陵　李書雲　輯
吳門　朱素臣　較

字畫之辨在毫釐間少不詳認謬以千里因首揭點

畫僅似者此體並列彼此相形俾奮藻之士一目了

然無魯魚玄豕之誤其張本所載不甚疑貳及易於

辨識如函亟肆肄之類茲不具載至如冫冫厂卩

廿竹曰目示衣等類字形相
似甚夥器郛一二未及全收

邛邛木干于禾禾

問奇一覽〔卷二　分毫字辨〕　一

問奇一覽（三）

《大观录》

一九五二年六月十七日得于北京隆福寺文渊阁书店，价六万元。西谛。

案：《大观录》二十卷，清吴升辑，民国九年武进李祖年铅印本，十四册。书号：XD1150。

《书画题跋记》

一九五二年八月十日购于北京。西谛。

案：《书画题跋记》十二卷，清郁逢庆撰，清宣统三年顺德邓氏铅印本，四册。书号：XD1143。

《冈州遗稿》

一九五六年九月一日得于北京通学斋。西谛。

案：《冈州遗稿》八卷，清顾嗣协编集，清顾嗣立同选，清道光二十三年常熟言良钰刻本，七册。书号：XD2371。又，西谛另有藏书《四六宙函》，其上的题跋与此完全相同，由此可知两书当买于同时。

《国朝词综补》

中华民国三十年三月二十八日以一百八十金从孙道

始处购得。西谛。

案：《国朝词综补》五十八卷，清丁绍仪辑，清光绪九年无锡丁氏刻本，十六册。书号：XD9700。《劫中得书续记》中记有此书，颇为详细，又收入《西谛书跋》。

冯雄

冯雄（1900—1968），字翰飞，号彊斋，室名景岫楼，江苏南通人。唐山交通大学毕业，曾任职商务印书馆，新中国成立后为中国科学院水利研究员。著名藏书家，重视收藏乡邦文献。著有《景岫楼读书志》。

《中晚唐诗纪》

明遗老龚半千贤刻《中晚唐诗》。叶德辉有一部五十七家，较《杨衡集》后龚跋所称七十二家尚少十五家。叶氏《书林余话》录有详目。余得此残本于开封书肆，只存十五家。惟其中杨巨源、畅当两家则叶本所未有也。南通冯雄记。

案：《中晚唐诗纪》，清龚贤辑，清康熙刻本，四册。书号：XD5562。存朱庆余等十五家。

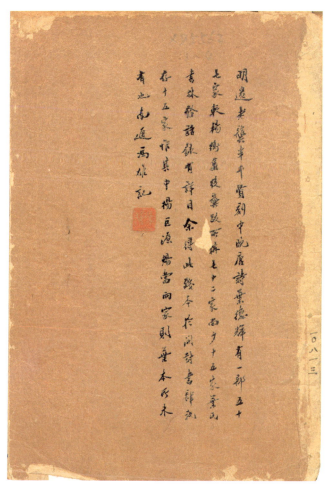

明选类纂半平贤刻中晚唐诗薨德辉有一郭五十
五家乘稿犹堇陵薨跋而稀毛中二家而少十五家薨而
书林墨诗录有详目余得此缝今栈闲投书郭私
存十五家惟其中杨巨源鍚舍而家则薨本所未
有也南逸雨雄记

中晚唐诗纪（一）

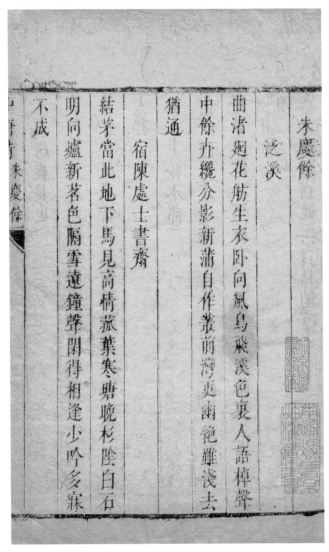

朱慶餘

泛溪

曲渚廻花舫生衣臥向鳧鳥飛溪色裏人語櫂聲
中餘卉縴分影新蒲自作叢前灣更兩絕雖淺去
猶通

宿陳處士書齋

結茅當此地下馬見高情菰葉寒塘晚杉陰白石
明向爐新茗色鬲峯遠鐘聲閒得相逢少吟多寐
不成

李棪

李棪（1910—? ），字劲庵，号棪斋，广东顺德人。晚清藏书家李文田之孙。毕业于北京辅仁大学、北京大学研究院，曾任教香港中文大学。著名史学家，著有《东林党籍考》。

《西庵集》

甲子冬十二月，从海宁赵氏借得天一阁旧藏前明弘治金兰馆活字本《孙西庵集》二册，与单君易庵对校三日，得旧序跋二、佚诗七八、误字八八六、脱字四二、空格十五，又削去重复之字百有五十，成善本矣。李棪记。

余家泰华楼有万历叶刻《孙西庵集》八卷，曾取校弘治本，则叶刻不可读矣。弘治本秘藏四明范氏者二百余年，今始出见。而余以乡里逡巡，得留校数日，实大幸事。他日当重刻以广其传。乙亥初春，壁书楼。

案：《西庵集》八卷，明孙贲撰，清道光十年刻本，四册。书号：111793。书中有朱笔校字、墨笔句读，并附李棪钞补校勘叶若干。

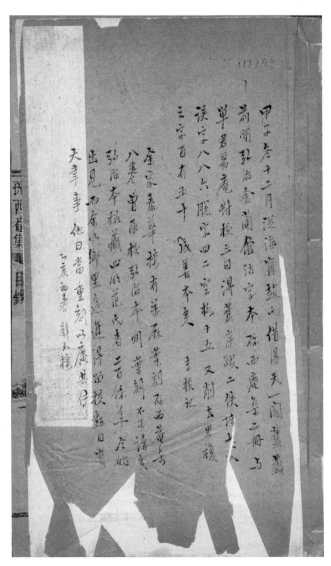

西庵集（一）

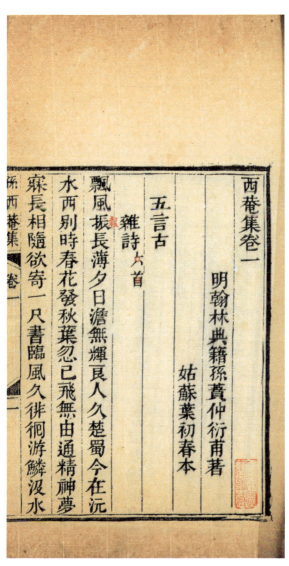

西菴集卷一

明翰林典籍孫蕡仲衍甫著

姑蘇葉初春本

五言古

雜詩六首

飄風振長薄　夕日澹無輝
良人久楚蜀　今在沅
水西別時春花發　秋葉忽已飛
無由通精神夢
寐長相隨　欲寄一尺書
臨風久徘徊　游鱗没水

西庵集（二）

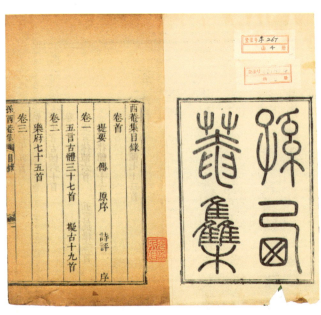

西庵集（三）

刻工辑录

经部

《五经同异》三卷，清顾炎武撰，清乾隆常熟蒋光弼刻本。书末题"常熟刘光德局刻"字样。

《介庵经说》十卷补二卷，清雷学淇撰，清道光通州雷氏刻本。目录后题"京都琉璃厂西门内奎光斋刻字铺陈"字样。

《礼笺》三卷，清金榜撰，清乾隆五十九年刻本。序目末题"黄仰朱镌"字样。

《经义杂记》三十卷叙录一卷，清臧琳撰，清嘉庆四年武进臧氏刻本。《叙录》末镌"顺德胡垣表李琼辉写样冯裕萃祥镌字"字样。

《仪礼正义》，清胡培翚撰，清道光刻本。目录后镌"苏州汤晋苑局刊印"字样。

《音学五书》，清顾炎武撰，清康熙六年刻本。"姓氏"末镌"旌德周希享瑾刻"字样。

《释名疏证》八卷，汉刘熙撰，清毕沅疏证，清乾隆五十五年刻本。序末题"江宁刘文奎楷镌字"字样。

《尔雅正义》，清邵晋涵撰，清乾隆五十五年刻本。目录后镌"琉璃厂西门内金陵文炳斋刘德文镌刻"字样。

《七纬》七种三十八卷，清赵在翰辑，清嘉庆十四年侯官赵氏小积石山房刻本。书末题"北门吴大振刊"字样。

史部

《熙朝宰辅录》二卷，清潘世恩撰，清道光十八年刻本。书末题"苏城汤晋苑刻字"。

《图咏遗芬》六卷，清俞旦编，清光绪二十一年婺源俞氏清荫堂刻本。书末题"潮城文在堂刊刷"字样。

《西洞庭芳徽集》二卷，清蔡九龄等辑，清道光二年刻本。书末题"苏城李渭璜局刻"字样。

《江震人物续志》十卷，清徐兰佩辑，清道光二十一年秀水计光炘刻本。总目后镌"嘉郡文蔚斋吴懋堂镌"字样。

《濂洛关闽六先生传》，清罗惇衍编，清道光刻本，序末题"羊城龙藏街学源堂承刊刷印"字样。

《杭女表微录》十六卷卷首一卷，清孙树礼辑，清光绪三十二年刻本。书末题"宁城内蒋文照纯记定甫刻印"字样。

《粤东名儒言行录》二十四卷，清邓淳编，清道光十一年刻本。目录末题"省城西湖街汗青斋承刊"字样。

《祁门纪变录》三卷，清饶恕良、徐永涛辑，清同治二年刻本。书末镌"东街旌邑三益斋汤祥菊刻字"字样。

《先圣生卒年月日考》二卷，清孔广牧撰，清光绪四年刻本。书末题"旌阳汤明林写刻"字样。

《孔志》四卷，清龚景瀚编，清林昌彝补编，清光绪二十七年武陵龚鸿义大通楼刻本。卷末题"福州陈良辅镌"字样。

《湖南平江县重修唐杜左拾遗工部员外郎墓并建祠请祀集刊》，清李宗莲辑，清光绪十年活字本。书衣背面有"平邑南街翰文阁镌"字样。

《濂溪志》七卷，清周诰辑，清道光十七年道州周氏刻本。卷末有"古零梓人蒋文友摹镌"字样。

《补宋潜溪唐仲友补传》一卷，清张作楠集，清光绪二十四年金华倪氏刻本。卷末有"金华西市街朱三余堂梓"字样。

《考订朱子世家》，清江永撰，清同治六年泾县黄田朱氏刻本。《重刻朱子世家序》末镌"金陵宝文书局李光明镌"字样。

《周惠姬传》，明陈继儒撰，清初刻本。书末镌"戴德立写刻"字样。

《明故权兵部尚书兼翰林院侍讲学士鄞张公神道碑铭》，清全祖望撰，清道光二十九年四明盛氏刻本。书末题"武林江秀章镌"字样。

《柳如是事辑》，清怀圃居士辑，清光绪二十九年刻本。书末题"郭博古斋刻字"字样。

《金粟逸人逸事》，清朱琰辑，清乾隆三十三年钱人龙刻本。书末题"剞氏王景桓"字样。

《凝香室鸿雪因缘图记》二集，清麟庆撰，清道光十八年刻本。第二集卷末题"姑苏吴青霞斋局刻"字样。

《凝香室鸿雪因缘图记》三集，清麟庆撰，清道光二十七年扬州刻本。总目后题"江宁柏简斋监刻"字样。

《皇清诰授中宪大夫例晋通议大夫河南分巡南汝光道署理河南按察使司按察使前吏科掌印给事中掌江西道监察御史翰林院编修随带加二级显考艺斋府君行述》，清王宪正等撰，清道光刻本。书末有"吴门王兰坡刻"字样。

《皇清覃恩诰封一品夫人累封一品夫人显继祖妣汪太夫人行状》，清潘曾莹等撰，清咸丰刻本。书末题"苏城临顿路毛丽川局刻"字样。

《诰封夫人显妣丁太夫人行述》，清杨沂孙等撰，清同治刻本。书末题"琴东刘博文刻"字样。

《皇清诰授光禄大夫特赠太子太保兵部尚书兼都察院右都御史两江总督马端敏公年谱》一卷，清马新祐编，清光绪三年菏泽马氏刻本。书末有"武林任有容斋刻"字样。

《皇清诰授光禄大夫经筵讲官户部尚书兼署工部尚书管理三库事务武英殿总裁署翰林院掌院学士谕赐祭葬予谥文恪显考椒生府君年谱》一卷，清罗惇衍原编，清罗矩等重编，清光绪顺德罗氏增刻本。书末镌"羊城西湖街富文斋刊印"字样。

《姚惜抱先生年谱》一卷附录一卷，清郑福照编，清同治七年桐城姚濬昌刻本。书末题"金陵张鸿茂镂"字样。

《冯旭林先生年谱》一卷，清王心照编，清道光十六年沈州冯氏木活字本。书末有"三余堂石赓飏镌字"字样。

《鹿樵自叙年谱稿》二卷，清张大镛编，清道光十八年昭文张氏刻本。卷末有"琴川博文斋刘宝成刊"字样。

《华野郭公年谱》一卷，清郭廷翼编，清道光二十一年吴江柳树芳刻本。书末有"吴郡喜墨斋刻"字样。

［月沧自编年谱］一卷，清吕璜编，清道光二十一年永福吕氏桂林刻本。此为《月沧文集》卷首。卷末有"蒋存远堂镌字"字样。

《磨盾余谈》，清张炳撰，清末刻本。书末题"省城西湖街藏珍阁承印"字样。

《左忠毅公年谱》二卷，清左宰编，清道光二十九湘乡左辉春刻本。《跋》末题"维扬砖街青莲巷内柏华升刻"字样。

《徐秋士先生自订年谱》一卷，清徐元润编，清徐春祺补编，清道光三十年太仓徐氏刻本。书末有"张燮臣刻"字样。

《徐秋士先生自订年谱》一卷，清徐元润编，清徐春祺补编，清光绪十九年太仓徐氏刻本。书末有"俞少园刻"字样。

《先文恭公自订年谱》一卷，清潘世恩编，清咸丰五年吴门潘氏刻本。书末题"吴门汤晋苑局刊"字样。

《先文恭公自订年谱》一卷，清潘世恩编，清同治二年吴门潘仪凤刻本。书末题"苏州甘朝士刻字铺今移通州大圣桥堍"字样。

［小浮山人自订年谱］一卷，清小浮山人编；清潘仪凤续编，清咸丰吴县潘氏苏州刻本，卷末题"吴门汤晋苑局刊"字样。

《羊城西关纪功录》，清佚名辑，清咸丰四年刻本。书末题"粤东西湖街杨正文堂承刻"字样。

《丹魁堂自订年谱》一卷，清季芝昌编，清同治三年刻本。书末有"崇川文成堂刊"字样。

［斯未信斋主人自订年谱］一卷，清徐宗幹编，清同治通州徐氏刻本。书末镌"吴玉田镌字"字样。

《余孝惠先生年谱》，清吴师澄编，清光绪元年刻本。书末镌"苏城临顿路中藏棱斋刻"字样。

《惕盦年谱》一卷，清崇实编，清光绪三年长白完颜氏刻本。书末有"前门外小安南营火神庙内焕文斋刻印"字样。

《先河南公年谱》二卷，清周廷冕编，清光绪四年临桂赁庐刻本。书末有"桂林蒋存远堂刻刷"字样。

《曾文正公年谱》十二卷，清黎庶昌编，清光绪二年传忠书局刻本。目录末镌"长沙杨仲蕃刻字"字样。

《左文襄公年谱》十卷，罗正钧编，清光绪二十三年湘阴左氏长沙刻本。书末题"湘省学院街萃文堂刻刷局缮刊"字样。

《陆清献公日记》十卷卷首一卷，清陆陇其撰，清道光二十一年刻本。卷末题"金陵吴楚翘写苏州刘建扬刻"字样。

《桂游日记》三卷，清张维屏撰，清道光十七年刻本。书末题"羊城西湖街富文斋刊印"字样。

《守己草庐日记》五卷，清丁逢辰撰，清光绪三十三年至宣统二年刻本。卷五末镌"松江仿古山庄刊印"字样。

《解州丈清地粮里甲图说》，清马丕瑶编，清光绪七年刻本。书末镌"澄城刘云冈刻字"字样。

子部

《盐铁论》十卷，汉桓宽撰，清嘉庆十二年刻本。目录末题"汀宁顾虹川刻字"字样。

《二十四孝乐府》，清崔鹤绘，清道光二十九年刻本。第一页图镌"羊城广文堂刊"字样。

《圣祖仁皇帝庭训格言》，清世宗撰，清同治十年福建布政使潘霨刻本。书末镌"福省后街宫巷口吴玉田刻坊印刷"字样。

《圣祖仁皇帝庭训格言》，清世宗撰，清光绪十七年桂垣书局刻本。书末镌"桂林蒋存远堂刊刻"。

《圣祖仁皇帝庭训格言》，清世宗撰，清光绪二十三年唐宝鉴刻本。书末镌"福省蒋绍基镌"。

《吕子评语》正编四十二卷卷首一卷附刻一卷余编八卷卷首一卷附刻一卷，清吕留良撰，清车鼎丰编，清康熙五十五年楚邵车鼎丰晚闻轩刻本。书名页题"金陵顾麟趾梓"字样。

《读读书录》二卷，清汪绂撰，清光绪二十一年刻本。书末题"杭城青简斋刊"字样。

《陆清献公莅嘉遗迹》三卷，清黄维玉编辑，清同治六年上海道署刻本。书末题"上海道前徐怡卿镌"字样。

《陆清献公治嘉格言》一卷，清陆陇其撰，清同治七年上海道署刻本。书末题"上海道前街徐怡卿刊刻"字样。

《潜书》二卷，清唐甄撰，清王闻远编，清光绪九年中江李氏刻本。卷末题"苏城郡庙前东谢文翰斋刻印"字样。

《逊敏录》四卷，清苏惇元撰，清同治六年桐城苏求庄刻本。目录末题"吉水欧阳介福镌"字样。

《傅氏家训》二卷，清傅超撰，清光绪十八年傅氏演慎斋刻本。书末有"福州蒋绍荃缮写镌刻"字样。

《裕后须知》一卷，清佚名编，清同治六年刻本。书末镌"苏城毛上珍子酉山刻印"字样。

《敦艮斋遗书》九种十七卷，清徐润第撰，清道光二十八年五台徐继畲刻本。书末题"福省宋钟鸣镌字"字样。

集部

《据梧集》四卷，清谈承基等撰，清嘉庆十五年刻本。目录后镌"江宁顾晴崖家镌"字样。

《寿苏集》一卷，清李长荣辑，清光绪元年羊城柳堂刻本。《跋》末镌"羊城内西湖街富文斋承刊印"字样。

《津门征献诗》八卷，清华鼎元撰，清光绪十二年刻本。书末题"苏城郡庙东首谢文翰斋刻印"字样。

《蔡中郎集》十卷，汉蔡邕撰，清咸丰二年东郡杨氏海原阁刻本。目录末镌"金陵柏士达刊"字样。

《安陆集》，宋张先撰，清汪潮生录，清道光刻本，书末有"维扬砖街青莲巷柏华升董刊"字样。

《适斋诗集》四卷，清崇实撰，清光绪三年长白完颜氏刻本。书末有"前门外小安南营火神庙内焕文斋刻印"字样。

《方南堂先生辍锻录》，清金楷、李堃辑，清道光十四广陵聚好斋刻本。书末题"秣陵穆景衡仿宋写刊"字样。

《日本杂事诗》二卷，清黄遵宪撰，清光绪十一午鸳江榷舍刻本。卷二末镌"梧州大南门外高博厚堂刊刷"字样。

后　记

　　自2000年进入国家图书馆以来，笔者一直在文津街馆区工作，主要从事普通古籍的采访、编目、整理与研究等。虽然日常工作中难免许多琐碎之事，甚至体力劳动，但是因为始终与自己喜欢的古籍打交道，所以每天还是觉得非常幸运与高兴。如此一晃就过去了十六年。这本小书记录了这十六年中自己的部分工作和研究，主要内容包括以下四个方面：

　　第一，读书札记。主要收录了笔者近些年平时读书或阅读馆藏文献时所撰写的文章，篇幅有长有短，内容多与清代版本、日记、藏书史等相关，或考证人物、版本，或辑录重要资料。一孔之见，难免贻笑大方。

　　第二，家谱提要。国家图书馆收藏有丰富的新旧家谱。入馆伊始，笔者即参与馆藏家谱的整理与出版工作，与家谱算是"初步相识"。近些年负责管理家谱工作，开始着力调查馆藏名人家谱，这十余篇提要算是前期成果吧。

　　第三，题跋整理。在日常工作中，笔者比较关注普通古籍中的名人批校题跋，先后整理了数十人的批校题跋近十万字。之前已经撰写了李慈铭、吴梅、郑振铎、周作人等人藏书题跋的专题文章。本书收录的题跋，只是选择了已有文字的一部分，剩余部分限于时间只能留待以后。

第四，刻工辑录。刻工是古籍版本鉴定的重要内容，宋、元、明代的刻工已有专书整理，清代刻工关注人员较少。与此前略有不同，清代刻工的位置不是在版心，往往镌刻在序、目录后或书末等位置。在编目过程中，笔者有意进行了搜集。限于所见，辑录的数量并不多，然吉光片羽，或可为读者研究参考之用。

全书的内容看似比较庞杂，实质上主要围绕文献学、藏书史、馆藏文献研究等专题，这也是笔者这些年来的主要关注点。

本书得以出版，国家图书馆古籍馆和国家图书馆出版社各位领导给予了大力支持，责任编辑南江涛付出了艰苦劳动，在此一并表示感谢。

限于学识，书中难免存在讹误之处，敬请读者朋友批评指正。

谢冬荣

2016年6月

王海旭

晓璇

合唱团
交响乐团
紫竹国际文化传媒有限公司
文化协会